Polens Kampf gegen seine nichtpolnischen Volksgruppen

Von

Stanislaus Mornik

Berlin und Leipzig 1931

Walter de Gruyter & Co.

vormals G. J. Göschen'sche Verlagshandlung — J. Guttentag, Verlagsbuchhandlung
Georg Reimer — Karl J. Trübner — Veit & Comp.

Druck von Walter de Gruyter & Co., Berlin W 10

Inhalt.

Grundlagen.

Die Entstehung des polnischen Staatsterritoriums.

Als 1914 der große Krieg ausbrach, hat die Nationaldemokratie, als die mächtigste polnische Partei, nach der Lage der Dinge zwar zunächst nicht an eine Lösung der Polnischen Frage in dem Sinne geglaubt, wie sie inzwischen Wirklichkeit geworden ist, aber sie erkannte die großen Möglichkeiten, die für die Idee eines neuen Polenstaates aus diesem Kriege erwachsen könnten und glaubte, daß Rußland seine Versprechungen »unter seinem Szepter Polens Wiedergeburt in seiner Selbständigkeit, seiner Religion, seiner Sprache erfolgen [1]« zu lassen, doch wohl wahr machen werde. Die politischen Ereignisse brachten den Polen mehr als eine Vereinigung aller polnischen Länder unter dem Szepter des Zaren und von seinen Gnaden, sie brachten ihnen einen eigenen souveränen Staat, dessen Grenzen weit über die Gebiete hinausreichen, die wirklich polnisch sind.

Die Siege der Armeen der Mittelmächte machten es diesen möglich, durch die Proklamation des Königreichs Polen vom 5. November 1916 die rußlandfreundliche Stimmung der polnischen Bevölkerung zugunsten der Mittelmächte einzudämmen. Im März 1917 brach in Rußland die Revolution aus, die zum Sturz des Zaren führte. Damit erloschen die Verpflichtungen der Polen russischer Staatsangehörigkeit dem Zarenhaus gegenüber. Die Sympathie des polnischen Volkes für die Politik der Mittelmächte wuchs. Als Lenin am 6. November 1917 die Gewalt in Rußland an sich riß und unter seinem Regime das neue bolschewistische Rußland aus dem Verband der Entente ausschied, hatte Polen kein unmittelbares Interesse mehr, nach Rußland zu schauen.

Im Friedensvertrag von Brest-Litowsk vom 3. März 1918 bestimmte der Art. III: »Die Gebiete, die westlich der zwischen den vertragschließenden Teilen vereinbarten Linie liegen und zu Rußland gehört

---

[1]) Aufruf des Großfürsten Nikolai Nikolajewitsch v. 1./14. August 1914, zitiert nach Paul Roth: »Die Entstehung des Polnischen Staates«, Berlin 1926, S. 10, dem wir auch in den übrigen, in diesem Teil wörtlich zitierten Stücken folgen.

haben, werden der russischen Staatshoheit nicht mehr unterstehen... Deutschland und Österreich-Ungarn beabsichtigen, das künftige Schicksal dieser Gebiete im Benehmen mit deren Bevölkerung zu bestimmen.«

Der Polnischen Frage schien eine Lösung bestimmt zu sein, die den Wünschen und Zielen der polnischen Nationalisten genau widersprach. Nicht von Rußland und Frankreich schien das Heil zu kommen, sondern von Deutschland, das von franzosenfreundlichen Polen gern der »Erbfeind Polens« genannt wurde.

Wenn von seiten der Zentralmächte auch niemals daran gedacht worden war, dem noch de facto zu schaffenden Polnischen Staat Gebiete aus dem eigenen Hoheitsbereich anzugliedern — das deutsch-polnische Verhältnis schien damals doch ein freundlicheres zu werden. Noch am 17. November 1917 stellte der deutsche Kaiser mit Befriedigung fest, daß der Regentschaftsrat klar erkannt habe, »daß Polen auf dem Fundament weiter aufgebaut werden muß, auf dem es neu gegründet worden ist [1])«.

Die politischen Ereignisse führten gegen Ende des nächsten Jahres zu anderen Entwicklungen. Österreich zerfiel. In Krakau bildete sich am 27. Oktober eine Liquidationskommission aus Vertretern aller polnischen Parteien, die die Regierungsgewalt in Westgalizien übernahm. In Ostgalizien kam es zu ernsten Kämpfen mit den Ukrainern. Mit der großen deutschen Katastrophe vom 9. November 1918 fand auch die deutsche Okkupationshoheit in Warschau ihr Ende. Das Schicksal Polens war wieder in die Hände der Entente gegeben. Pilsudski trat auf den Plan, den der Regentschaftsrat zum Staatsoberhaupt ernannte. In seinem Auftrag stellte Daszyński am 14. November die Regierung zusammen. Der Polnische Staat bestand nun tatsächlich. Am 28. Juni 1919 wurde der Versailler Vertrag unterzeichnet.

Deutschland verlor die Provinz Posen und den Korridor zugunsten Polens (Art. 87) und willigte in eine Abstimmung in Oberschlesien (Art. 88), im Regierungsbezirk Allenstein und Kreis Oletzko des Regierungsbezirks Gumbinnen (Art. 94/95) und in dem östlich des Korridors gelegenen Teile von Westpreußen (Art. 96/97). Obwohl die Abstimmung in Oberschlesien (20. März 1921) 707 393 Stimmen für Deutschland und 479 365 für Polen ergab, wurde das Gebiet zwischen Polen und Deutschland in der Weise geteilt, daß an Polen fielen: 80 % der Steinkohle führenden Fläche, von 37 Hochöfen mit 8 Werken

---

[1]) a. a. O. S. 28.

22 mit 5 Werken, von den 14 Stahl- und Walzwerken 9. Die Roheisenproduktion wurde zu zwei Drittel polnisch, desgleichen sämtliche Zinkhütten und 85% der Zinkproduktion [1]).

Im ostpreußischen Plebiszitgebiet fielen (11. Juli 1920) 363 159 Stimmen auf Deutschland (97,5%), 7924 auf Polen (2,5%). In den westpreußischen Teilen stimmten für Deutschland 96 895 Personen (92,8%), für Polen 7947 (7,2%). Trotzdem kamen aus dem ostpreußischen Gebiet 3 kleine Dörfer, aus dem westpreußischen 5 an Polen. Wichtiger ist, daß Polen ein schmaler Streifen rechts der Weichsel zugesprochen wurde, so daß Ostpreußen nirgends mehr an diesen wichtigen Strom heranreicht.

Die Verträge von Saint-Germain und Trianon enthalten keine Bestimmungen über die früher österreichischen und ungarischen Gebiete in betreff einer Gebietshoheit der Polen. Über das Teschener Schlesien und die nördlichen Gebiete von Zips und Arva, derentwegen es lange Streitigkeiten mit den Tschechen gegeben hatte, entschied der Botschafterrat am 28. Juli 1920. Polen erhielt etwa die Hälfte des Teschener Gebietes; die Kaschau-Oderberger Bahn verblieb der Tschechoslowakei. Die Stadt Teschen links der Olsa wurde tschechisch, die rechts der Olsa polnisch. In der Zips und dem Arvagebiet bekam Polen kleine Grenzstreifen. Auch die Erledigung der Jaworzyna-Frage, die ein kleines Gebiet in der Hohen Tatra betrifft, konnte erst nach mannigfaltigen Schwierigkeiten im Mai/Sept. 1924 erreicht werden.

Westgalizien hatte sich bereits am 15. Oktober 1918 Kongreßpolen angeschlossen. Am nächsten Tag kam etwas verspätet Kaiser Karl mit seinem Manifest über die staatliche Umbildung Österreichs: »Österreich soll dem Willen seines Volkes gemäß zu einem Bundesstaat werden, in dem jeder Volksstamm auf seinem Siedelgebiet sein eigenes staatliches Gemeinwesen bildet. Der Vereinigung der polnischen Gebiete Österreichs mit dem unabhängigen Polnischen Staat wird hierdurch in keiner Weise vorgegriffen.«

Ist mit diesem letzten Satz das ukrainische Ostgalizien gemeint? Dort bildete sich unter Berufung auf das Selbstbestimmungsgesetz der Völker am 19. Oktober 1918 ein unabhängiger und souveräner Ukrainischer Staat, dessen Grenzen Ostgalizien und die ukrainischen Teile der Bukowina und Nordungarns umschlossen. Am 15. November gab

[1]) Nach dem »Temps« vom 22. Oktober 1921 fielen an Polen 82% Kohle, 51% Koks, sämtliches Blei und Zinn, 85% des Gußeisens, 70,5% des Stahls, die gesamte Produktion an Schwefelsäure, ohne die großen Erdhütten zu zählen, die elektrische Zentrale von Chorzow, das Ammoniak- und Salpeterwerk.

der Ukrainische Nationalrat diesem neuen Staat den Namen »Westukrainische Republik«. Polen erhob ebenfalls Ansprüche auf dieses Gebiet, die es mit Waffengewalt wirksam zu machen versuchte. Die Kämpfe zogen sich bis in den Sommer 1919 hin. Dem vereinigten Ansturm der Bolschewisten an der Ostfront und der Polen im Westen erlag der ukrainische Staat. Solange der Kampf ohne Entscheidung geblieben war, hatten sich die Ententemächte bemüht, einen Waffenstillstand herbeizuführen. Als die durch Deutschland transportierte französische Hallerarmee den Kampf zugunsten der Polen entschieden hatte, übertrug der Oberste Rat durch Beschluß vom 25. Juni 1919 den Polen das Mandat zur militärischen Besetzung Ostgaliziens, »en vue de garantir les personnes et les biens de la population paisible de Galicie Orientale contre les dangers que leur font courir les bandes bolchévistes.« Dieser Satz verdient festgehalten zu werden. Der polnisch-russische Krieg vom Jahre 1920 bedrohte noch einmal Polens (wenn auch noch nicht völkerrechtlich festgelegten, so doch tatsächlichen) Besitz Ostgaliziens. Der für Polen glückliche Ausgang auch dieser Kämpfe brachte der jungen Republik im Frieden von Riga (18. März 1921) den russischen Verzicht auf alle Rechte und Ansprüche auf die westlich des Sbrutsch liegenden Gebiete. Am 15. März 1923 wurde seitens des Botschafterrates Polens Souveränität über Galizien — und damit auch über Ostgalizien — zugestanden.

In dem obenerwähnten Rigaer Frieden wurde neben der polnischen Grenze gegen die weißrussische und ukrainische Sowjetrepublik auch das Schicksal des zwischen Polen und Litauen strittigen Wilnagebietes bestimmt. »Die Frage der Zugehörigkeit dieser (zwischen Litauen und Polen strittigen) Territorien zu einem dieser beiden Staaten hängt ausschließlich von Polen und Litauen ab.«

Der Wilnafrage liegt kurz folgender geschichtlicher Tatbestand zugrunde [1]). Im April 1919 wurden die Bolschewisten von Pilsudski aus Wilna vertrieben. 1920 rückten die Bolschewisten erneut in dieses Gebiet ein. Polen zweifelte die litauische Neutralität an. Es kam zu Kämpfen mit litauischen Truppen. Inzwischen, am 25. August, hatten die roten Truppen dem 7. litauischen Infanterieregiment die Stadt überlassen. Die vom Völkerbundsrat beorderte Kontrollkommission brachte am 5. Oktober 1920 das Arrangement von Suwalki zustande, das eine Demarkierungslinie vorsah, die Wilna bei Litauen beließ.

---

[1]) a. a. O. S. 111 ff. Die wichtigste Literatur über die Wilnafrage führt Roth dort an.

Das Abkommen sollte am 20. Oktober 1920 in Kraft treten und gültig sein: »jusqu'à ce que toutes les questions litigieuses entre les Polonais et les Lithuaniens soient définitivement résolues.« Jedoch schon am 9. Oktober 1920 besetzte der im amtlichen Auftrage meuternde polnische General Želigowski Wilna. Eine Einigung in der Wilnafrage zwischen Litauen und Polen ist bis heute nicht erfolgt. De facto ist Polen seitdem im Besitz des strittigen Gebietes geblieben.

So kam Polen in den Besitz seines jetzigen Staatsterritoriums, das eine Flächenausdehnung von 386 634 qkm hat und 1921 eine Einwohnerzahl von 27,01 Millionen aufwies. So entstand ein Staat, der in seiner Flächenausdehnung größer ist als Großbritannien und Irland zusammen (316 300 qkm) oder als Italien (312 568 qkm). Er entstand unter Mißachtung des Selbstbestimmungsrechts der Völker, das ja auch die Grundlage seiner Existenz ist, aus Teilen, die, wie die Westgebiete, ihm durch die Gunst der Entente zufielen, oder die er sich, wie die Ostgebiete, in langwierigen und gefährlichen Kämpfen selbst aneignete.

Polens ethnographische Struktur.

Es ist nur zu natürlich und durch das eigentümliche Zustandekommen des polnischen Staatsraumes bedingt, wenn Polen nun der Welt zu beweisen trachtete, daß sich in seinem Staat gar nicht diese Unzahl von Nichtpolen befinde, wie man wohl allgemein zu glauben geneigt war.

Schon am 30. September 1921 — bevor also Oberschlesiens und Ostgaliziens Zugehörigkeit zu Polen ausgesprochen war — fand eine amtliche Volkszählung statt, die bis heute die einzige geblieben ist und die folgendes Nationalitätenergebnis hatte[1]).

Polen	17 789 287
Ukrainer	3 898 428
Juden	2 048 878
Weißrussen	1 035 693
Deutsche	769 392
Litauer	24 044
Russen	48 920
Tschechen	30 632
Andere u. unbekannte Nationalitäten (unter diesen 38 981 sog. Hiesige)	49 426
Gesamtbevölkerung	25 694 700

[1]) Rocznik Statyst. Rz. Polskiej 1927, Warschau o. J. S. 52.

Da durch die Zählung Oberschlesien, die Stadt Wilna und die Kreise Wilna-Troki, Oschmyany und Svenziany der Wojewodschaft Wilna nicht erfaßt wurden, verschiebt sich das amtliche Ergebnis mit Einschluß dieser Gebiete folgendermaßen [1]:

Polen	= 18 811 550	=	69,2 %
Ukrainer	= 3 878 000	=	14 %
Juden	= 2 123 000	=	7,8 %
Weißrussen	= 1 057 000	=	3,9 %
Deutsche	= 1 036 000	=	3,8 %
Litauer	= 72 000	=	0,3 %
Andere	= 210 000	=	1 %
Gesamtbevölkerung:	27 192 674		

Wir werden diese Angaben im folgenden einer Untersuchung unterziehen, einmal um den Nachweis zu erbringen, daß die Ziffern der Nichtpolen sämtlich zu niedrig liegen, zum andern, um die tatsächliche Zahl der Angehörigen der einzelnen Nationalitäten in Polen als Grundlage für unsere Gesamtuntersuchung festzustellen.

Das Preußische Statistische Amt bringt einen Überblick über die Gesamtbevölkerung des heutigen Polen nach der Nationalität im Jahre 1910 [2]).

Nationalität	d.v.Dtschl. abgetreten. Gebiete	Galizien	Kongr.-Polen 3)	Russ. Gebiet ohne Kongr.-Polen	Insgesamt
Deutsch	1 363 019	90 114	648 500	87 050	2 188 683
Polnisch	2 300 131	3 864 173	8 742 000	300 070	15 206 374
Masurisch	8 896	—	—	—	8 896
Kassubisch	104 464	—	—	—	104 464
Böhm., mähr., slow.	—	8 718	—	—	8 718
Großruss.	—	—	237 500	170 900	408 400
Ukrainisch	—	3 208 092	306 500	1 365 720	4 880 312
Weißrussisch	—	—	23 100	1 681 420	1 704 520
Litauisch u. Lettisch	—	—	19 400	47 210	66 610
Jüdisch	—	808 327	1 730 600	616 150	3 155 077
Andere	76 844	1 053	11 600	40 300	129 797
Insgesamt	3 853 354	7 980 477	11 719 200	4 308 820	27 861 851

[1]) Nach Maliszewski: La Pologne d'aujourd'hui. Paris 1926. S. 38.

[2]) Statistische Korrespondenz Jahrg. 47 Nr. 42 (12. Nov. 1921).

3) Ohne den größten Teil von Suwalki; für das von Rußland abgetretene Gebiet außer Kongreßpolen sind die Zahlen der letzten Volkszählung aus d. J. 1897 entnommen.

Ein Vergleich mit der polnischen Statistik zeigt, daß die Zahlen der Deutschen, Großrussen, Ukrainer, Weißrussen und Juden für 1921 niedriger sind, als für 1910, während es bei der Angabe der Polen umgekehrt ist. Ihre Zahl liegt um 3,6 Millionen über der von 1910. Damit ist schon die Unrichtigkeit der polnischen Statistik nachgewiesen, denn während die Gesamtbevölkerung einen Rückgang um nahezu 700 000 aufweist, kann nicht die Zahl der Polen um 3,6 Mill. gestiegen sein. Selbst wenn wir in Betracht ziehen, daß in den Jahren 1918 bis 1921 insgesamt an 760 000 Deutsche (aus Posen und Pommerellen davon 523 367) ausgezogen sind und an ihre Stelle rund 1 Million Polen (in Posen und Pommerellen 566 512) aus Deutschland und Amerika gerückt sind, so bleiben doch noch immer mindestens rund 2,5 Millionen Polen für 1921 zuviel.

Die Gegenüberstellung der letzten amtlichen Statistik mit einer polnischen, die A. Krzyzanowski und K. Kumaniecki[1]) 1915 herausbrachten, mag von der Unwahrscheinlichkeit der amtlichen Statistik für einige Wojewodschaften unterrichten.

Der Anteil der Polen betrug in Prozenten nach den polnischen Statistiken:

	1897	1913	1921
Königr. Polen (Kongr.-P.)	71,8%	72,2%	86,2%
		1909	
Wilna	8,2	15,3	57,4
Wolhynien	6,2	6,8	16,8
Nowogrodek	3,0	4,3	54,0

Eine derartige Verschiebung der Nationalitätenstruktur in Zentral- und Ostpolen ist unmöglich, selbst wenn wir einen sehr starken Rückgang des Russentums infolge des Hoheitswechsels voraussetzen. Um so mehr als der natürliche Zuwachs der Ukrainer und Weißrussen den der Polen übersteigt. Wie falsch vor allem die Angaben über die slavischen Minderheiten sind, mögen noch folgende Überlegungen klarmachen: Die Zahl der Orthodoxen und Unierten beträgt nach der amtlichen Statistik[2]) 5 877 914. Orthodox und uniert in Polen sind aber nur Ukrainer, Weißrussen, Großrussen und Tschechen. Die Gesamtzahl dieser Nationalitäten beträgt aber nach derselben amtlichen Statistik nur 5,014 Millionen, wobei noch beachtet werden muß, daß

---

[1]) Krzyżanowski und Kumaniecki, Statystika Polska, Kraków 1915, S. 39 ff.

[2]) Stat. Rocznik 1925/26 S. 25, s. die statistische Anlage S. 27.

einige Hunderttausende Weißrussen und Ukrainer römisch-katholisch sind.

Es gibt auch polnische Forscher, die zugeben, daß die Zahlen der Nationalitäten, insbesondere die der Ukrainer, zu ungünstig sind.

Ludwik Krzywicki macht in seiner offiziellen kritischen Untersuchung der Ergebnisse der Volkszählung [1]) nachdrücklich darauf aufmerksam, daß die Ukrainer teilweise die Zählung durch offenen Widerstand oder durch Flucht in die Wälder boykottiert haben, um die Nichtzugehörigkeit Ostgaliziens zur Republik Polen zum Ausdruck zu bringen. In Lipowce (Kreis Cieschanow) schoß man auf die Kommissare, im Kreis Kalusch wurde einer getötet, in Podhorce und Tatarsk warf man sich auf die Kommissare und nahm ihnen die Siegel fort, anderwärts zerriß man die Telegraphendrähte. In Przemysl und in Tarnow beträgt die Zahl derer, die sich der Zählung entzogen haben, 8—10 %, in Turka 12,9%, im Kreis Bobrek gar 40%. Im Kreis Jaworow hintertrieben von 71 Gemeinden 30 die Zählung, im Kreis Jaroslau von 66 Gemeinden 11, im Kreis Czertkow von 43 Gemeinden 8, im Kreis Podhajce von 64 Gemeinden 9, im Kreis Rohatyn von 102 Gemeinden 23, im Kreis Stryj von 52 Gemeinden 21, im Kreis Dolina von 82 Gemeinden 6, im Kreis Porodenka von 49 Gemeinden 7, im Kreis Schniatyn von 62 Gemeinden 5, im Kreis Petczenyzynsk von 22 Gemeinden 3. Von der besonders ukrainischen Wojewodschaft Wolhynien gab dessen Oberhaupt vor dem Statistischen Hauptamt in Warschau an, daß nach seiner Ansicht bis 30% der Bevölkerung in den wolhynischen Städten durch die Zählung nicht erfaßt worden seien. Die Abweichung der durch die Volkszählung erfaßten Bevölkerung von der tatsächlichen beläuft sich nach Ansicht Krzywickis auf etwa 3%. Abgesehen von der Zahl der Ukrainer, die sich der Zählung entzogen haben, sind in der polnischen Statistik 361 000 Griechisch-Unierte und 545 000 Orthodoxe als Polen angegeben, was durchaus falsch ist. Es gibt keine (oder doch so gut wie keine) Polen griechisch-unierten oder orthodoxen Bekenntnisses. Dafür gibt es jedoch weit mehr als 16 000 Ukrainer römisch-katholischen Bekenntnisses, wie die Statistik angibt. Es kann demnach gar nicht zweifelhaft sein, daß die Zahl der Ukrainer in Polen am Tage der

---

[1]) Rozbiór krytyczny wyników spisu in Revue mensuelle de statistique, Tome V fascicule 6 Année 1926, Varsovie 1923. Der Engländer John Steffens zweifelt ebenfalls in seinem kürzlich erschienenen Buch Danger Zones of Europe, London Hogarth Press 1929, S. 54 die Richtigkeit der poln. Statistik an. (»All Polish statistics are highly debatable«.)

Volkszählung bedeutend größer war, als aus der offiziellen Statistik hervorgeht. Der Pole Maliszewski [1]) gibt die Zahl der Ukrainer für 1929 mit 4,5 Millionen an. Auch der Deutsche Rappaport hält an dieser Zahl fest [2]). Indessen ist auch diese Zahl zu niedrig. Um eine sichere Grundlage zu haben, gehen wir von der amtlichen Konfessionsstatistik aus. Nach ihr gibt es 3 031 059 Griechisch-Unierte, die nur Ukrainer sind. Dazu kommen orthodoxe und römisch-katholische Ukrainer. Die Zahl der Orthodoxen in Polen beträgt für 1921 2 846 855. Ihre Zahl verteilt sich auf die Ukrainer und Weißrussen. Einige tausend fallen außerdem auf Großrussen und Tschechen. Und zwar sind die Orthodoxen in Wilna und Nowogrodek nur weißrussischer, in Wolhynien und Lublin (bis auf die wenigen Tschechen und Großrussen) nur ukrainischer Nationalität. In Polesien sind Ukrainer und Weißrussen vermischt. Die Zahl der Orthodoxen beträgt in:

Wolhynien	1 066 842
Lublin	152 898
Polesien	697 373
Bialostok	197 407
Wilna	261 426
Nowogrodek	421 556

In Polesien wohnen nach der amtlichen Statistik von

879 925 Einwohnern	156 142 Ukrainer	= 17,8 %
	375 220 Weißrussen	= 42,5 %
	214 052 Polen	= 24,3 %

Die Zahl der Polen ist fraglos zu hoch, da die Zahl der Ukrainer und Weißrussen sich auf 531 362, die Zahl der Orthodoxen sich auf 697 373 beläuft. Indem wir zugunsten der Polen ganz außer acht lassen, daß es in Polesien auch Weißrussen römisch-katholischen Bekenntnisses gibt (deren Zahl noch aufzuschlagen wäre!), teilen wir zunächst die Zahl der Orthodoxen unter Ukrainer und Weißrussen in dem offiziellen Verhältnis dieser Nationalitäten zueinander. Also: die Ukrainer sind an der Gesamtbevölkerung mit 17,8 %, die Weißrussen mit 42,5 % beteiligt. Demnach sind von den 697 373 Orthodoxen Polesiens

70,48 % = 491 510 Weißrussen und
29,52 % = 205 863 Ukrainer.

---

[1]) Land u. Bevölkerung Polens in »Baltische Presse« v. 11. X. 1929.

[2]) Die historischen und soziologischen Grundlagen der Ukrainischen Frage in Polen in »Nation und Staat« April 1929, S. 449.

Demnach gibt es 1921 orthodoxe Ukrainer:

in Wolhynien	1 066 842
„ Lublin	152 598
„ Polesien	205 863
Insgesamt	1 425 303

Wenn wir hiervon lt. amtlicher Statistik 18 402 orthodoxe Tschechen und 41 968 orthodoxe Großrussen abziehen, bleiben immer noch 1 364 933 orthodoxe Ukrainer.

Rechnen wir die griechisch-unierten Ukrainer hinzu, so kommen wir für 1921 auf die Zahl von 4 395 922 Ukrainern.

Natürlich ist auch diese Zahl mangelhaft, weil in ihr nicht die Zahl der Ukrainer einbegriffen ist, die sich der Zählung entzogen haben, und gänzlich außer acht die Ukrainer römisch-katholischer Konfession gelassen sind. Wie hoch beläuft sich die Zahl dieser Ukrainer? Nach ukrainischen Angaben, die auf privat angestellte Einzelüberprüfungen zurückgehen, beträgt die Zahl der Ukrainer, die durch die Zählung nicht erfaßt worden sind, 8—21 %, im Durchschnitt 10 %.

Diese Angabe ist von keiner absoluten Gültigkeit. Krzywicki stellt nämlich für Kleinpolen eine Abweichung zwischen den amtlichen Schätzungen von Mitte 1920 und dem Zählungstermin von 11,7 % fest — aber da ist sowohl Westgalizien einbegriffen wie auch die nichtukrainische Bevölkerung. Im früher preußischen Teilgebiet stellt sich diese Abweichung auf 7,1 %, in Kongreßpolen gar auf 16,9 %. Man hätte also gar kein Recht, mit diesen Ziffern nur in Ostgalizien zu operieren, wenn wir nicht bereits festgestellt hätten, daß die Ukrainer in einem verhältnismäßig hohem Maße sich der Wahl entzogen haben.

Nach der österreichischen Statistik [1]) gab es 1910 3 379 613 Griechisch-Unierte in Galizien, hingegen nach der polnischen Statistik von 1921 3 021 731 [2]). Die Zahlen der Römisch-Katholischen für die beiden Jahre sind: 3 731 569 [1]) und 3 683 119 [2]).

Der Vergleich dieser Zahlen zeigt, daß in Galizien die Zahl

der Römisch-Katholischen	um 0,048	Millionen	= 1,28 %,
die der Unierten	um 0,357	„	= 10,56 %

---

[1]) Krzyżanowski u. Kumaniecki a. a. O. S. 38.

[2]) Rocznik Stat. 1925/26 S. 25.

gefallen sein müßte. Jeder wird zugeben müssen, daß das Unterschiede sind, die in diesem Ausmaße anders nicht verstanden werden können als durch die Annahme einer ca. 10%igen Zählungsentziehung der Ukrainer. Wenn wir die Zahl dieser Ukrainer mit 300 000 ansetzen, so bedeutet das zumal angesichts der oben zitierten Aussage des Wojewoden über die Wahlhinterziehung in Wolhynien ein äußerstes Minimum. Noch viel schwieriger ist es, die Zahl der Ukrainer römisch-katholischer Konfession festzulegen[1]).

Es ist nicht viel mehr mit Gewißheit zu sagen, als daß die Zahl der Ukrainer römischer Konfession einmal sehr bedeutend war und sich 1910 auf etwa 800 000 belief, daß aber ein ganz bedeutender Teil inzwischen polonisiert worden ist. Bestimmt aber nicht so viel, daß bis 1921 nicht mehr als 16 239 übriggeblieben sein sollten. Von ukrainischer Seite wird heute noch mit 500 000 Ukrainern römisch-katholischer Konfession gerechnet. Die Richtigkeit dieser Zahlen läßt sich nicht beweisen. Wir setzen deshalb mit äußerster Vorsicht die Zahl der Ukrainer römisch-katholischen Bekenntnisses mit 200 000 fest.

Damit kämen wir zu folgendem Endergebnis für 1921:

a) 4 395 992 orthodoxe und unierte Ukrainer lt. oben angestellter Untersuchung,
b) 300 000, die sich der Zählung entzogen haben,
c) 200 000 römisch-katholische Ukrainer

4 895 992 Ukrainer insgesamt.

Um zu einer Zahl für 1928 zu kommen, haben wir neben dem sehr großen natürlichen Zuwachs noch die Zahl der Rückwanderer zu bedenken. Nach polnischen Angaben[2]) kehrten in der Zeit vom 30. September 1921 (Tag der Volkszählung) bis 1. 1. 1925 insgesamt

[1]) Die konfessionellen Abweichungen der Ukrainer und Weißrussen haben folgende geschichtliche Grundlagen: Die Christianisierung dieser Völker erfolgte von Kiew aus, führte also zur Orthodoxie. Die Union von Brest 1595 machte beide Nationen, soweit sie im Bereich des damaligen poln. Staates lagen, zu Griechisch-Unierten. Die erste Teilung Polens 1772 brachte die Weißrussen und die Ukrainer bis auf den Teil, der in Galizien wohnte und somit an Österreich fiel, unter die russische Herrschaft, die 1839 die Union für ungültig erklärte und ihre unierten Untertanen zwangsweise zur Orthodoxie zurückführte. Diesem Zwange entzogen sich viele Unierte durch freiwilligen Übertritt zur römisch-katholischen Kirche. Damit wurden die Ukrainer und Weißrussen unter russischer Herrschaft religiös aufgeteilt in Orthodoxe und Römisch-Katholische.

[2]) A. Krysiński: Le Nombre et la Répartition des Ukrainiens en Pologne in Les questions minoritaires, Juin 1929, S. 49 ff.

537 716 Personen in die Ostgebiete zurück. Davon seien 300 000 Weißrussen und nur 37 749 Ukrainer.

Die ukrainische Zahl erscheint ganz unwahrscheinlich. Es handelt sich bei diesen »Repatriierten« um Personen, die während der Kämpfe des Weltkrieges aus dem Osten des heutigen Polen zumeist nach Inner-Rußland gebracht wurden und die dann nach Herstellung des Friedens in ihre Heimat wieder zurückkehrten. Es ist nicht einzusehen, wie fast 200 000 von diesen 537 000 Polen sein können, da es sich doch um Gebiete handelt, in denen die Polen eine Minderheit ausmachen, hingegen die Ukrainer größtenteils die Mehrheit. Man wird unter diesen Repatriierten mit wenigstens 150 000—200 000 Ukrainern rechnen müssen. Der Rest wird sich auf die Polen und einige tausend Deutsche verteilen. Die Geburtenüberschüsse der Ukrainer betragen mindestens 20‰ [1]). Wenn wir die Zahl der Repatriierten bei der Berechnung des Bevölkerungszuwachses unbeachtet lassen, da die Rückwanderer ja erst teilweise 1925 eintrafen, so kommen wir für 1928 auf 5,6227 Millionen und unter Hinzurechnung von 150 000 Repatriierten für 1928 auf eine Mindestziffer von 5 772 700 Ukrainern.

Die amtliche Statistik gibt die Zahl der Weißrussen in Polen mit 1 057 000 an. Die Fragwürdigkeit dieser Zahl wurde auch für die weißrussischen Gebiete durch Vergleich der Statistik von 1897 und einer polnischen von 1909 mit der letzten amtlichen oben bereits nachgewiesen. Nach der letzten amtlichen russischen Statistik wohnten auf dem Gebiete des jetzigen Polens 1,7 Millionen Weißrussen. Srokowski [2]) glaubt, daß es 1921 tatsächlich 1,6 Millionen Weißrussen gegeben hat. Die Zahl der orthodoxen Weißrussen beträgt, wie wir bereits feststellten, in der Wojewodschaft

Wilna	261 426
Nowogrodek	421 556
Bialystok	197 407
Polesien	491 510
Insgesamt:	1 371 899

Zu dieser Ziffer müssen noch die römisch-katholischen Weißrussen gerechnet werden. Die polnische Statistik gibt 60 123 an. Diese Zahl ist bestimmt zu niedrig, wie z. B. auch Srokowski zugibt. Rappaport

---

1) s. S. 152.

2) Srokowski: Sprawy narodów na kresach wschodnich. Krakau 1925, S. 6.

glaubt [1]), daß die Zahl der Weißrussen katholischer Konfession mindestens 300 000 betrage. Im allgemeinen rechnet man damit, daß jeder vierte Weißrusse römisch-katholisch ist. Wir kämen dann auf 457 299 römisch-katholische und insgesamt 1 829 198 Weißrussen. Diese Zahl berührt sich mit der Angabe von 1,8 Millionen Weißrussen, die Rappaport macht, und der von Kutzscher [2]), die sich auf 1,9 Millionen Weißrussen beläuft, und mit der Zahl der Weißrussen auf dem Gebiet des jetzigen Polen nach der letzten russischen Statistik, die das Preußische Stat. Landesamt mit 1,7 Millionen errechnete. Wir wollen uns trotzdem äußerst vorsichtig der 1,6-Millionen-Schätzung Srokowskis für 1921 anschließen, da die Zahl der römisch-katholischen Weißrussen ungewiß ist. Das Nationalbewußtsein des weißrussischen Landvolkes katholischen Glaubens, das traditionell an die polnische Kirchensprache gewöhnt ist und an ihr zähe festhält, ist außerordentlich schwach entwickelt. Es liegt dies daran, daß es einen historischen weißrussischen Staat nie gegeben hat und daß das Zusammengehörigkeitsgefühl der Weißrussen sich auf ihre rassische Sonderstellung und ihre Sprache bis ins XX. Jahrh. hinein beschränken mußte. Der Nationalismus eines großen Teiles des weißrussischen Landvolkes ist heute noch latent und erwacht erst allmählich unter dem Druck der polnischen Terrorpolitik.

Wir stellten bereits oben fest, daß die Zahl der weißrussischen Repatriierten in der Zeit vom 30. 9. 21 bis 1. 1. 25 nach amtlichen Angaben 300 000 beträgt. Wenn wir die Bevölkerungszuwächse unter Außerachtlassung dieser 300000 vorsichtig mit 20‰ berechnen, kommen wir auf 1 837 500 für 1928 und unter Hinzurechnung der 300 000 Repatriierten für 1928 [3]) auf insgesamt

2 137 500 Weißrussen.

Gänzlich im Stich läßt uns die polnische Statistik bei der Feststellung der Zahl der Litauer im heutigen Polen. Sie gibt 24 044 an. Diese Zahl ist hinfällig, da sich die Volkszählung nicht erstreckte (neben Oberschlesien) auf Wilna (Stadt) und die Kreise Wilna-Troki, Oschmiany und Svenciany, Gebiete, die ganz besonders von Litauern besiedelt sind. Nachträgliche Erhebungen führten zu amtlichen An-

---

[1]) Die Nationalitätenfrage in Polen in Jahrbuch für Soziologie III. Karlsruhe 1927, S. 246 ff.

[2]) Das neue Polen, in Zeitschr. f. Politik XV, S. 160.

[3]) Die Weißrussen selbst schätzten sich auf rund 2 000 000 ein. Z. B. Fabian Jeremicz in Natio I 1, S. 16.

gaben von 72 000 Litauern. Der Litauer Olsejko-Wilna [1]) schreibt, daß »im Jahre 1914 nach den russischen, deutschen und örtlich kirchlichen statistischen Daten in den obengenannten Bezirken (sc. Braslau, Svenciany, Wilna, Troki, Oschmiany, Lida, Grodno, Suwalki) 300 000 Seelen lebten. Davon sei aber ein erheblicher Teil ins Weißrussentum oder Polentum übergegangen« [2]). In Ermangelung irgendwelcher positiven Unterlagen begnügen wir uns mit den amtlichen 72 000 Litauern für 1921 und kommen unter Hinzurechnung des natürlichen Durchschnittszuwachses für Polen, der 14‰ beträgt, auf

82 668 Litauer für 1928.

Noch mehr im Dunklen tappen wir, wenn wir die Zahlen für die übrigen slavischen Minderheiten in Polen festzulegen unternehmen. Als Großrussen führt die polnische Statistik 48 920. Daß diese Zahl viel zu niedrig ist, erhellt ganz eindeutig die Tatsache, daß an russischen Stimmen bei den Wahlen zum Polnischen Sejm 1928 133 196 zusammenkamen [3]). Insgesamt wurden bei den letzten Wahlen zum Polnischen Sejm 11,207 Millionen Stimmen abgegeben. Danach kämen auf jede abgegebene Stimme 2,68 Personen. Wenn die Wahlberechtigung und Wahlbeteiligung der Großrussen dieselbe wäre wie diejenige des Durchschnittes für Polen, käme man auf 356 900 Großrussen. Leider können wir uns auf diese Zahl nicht verlassen, da wohl bestimmt damit gerechnet werden muß, daß auch Weißrussen und Ukrainer für die russische Liste gestimmt haben. Wir meinen, mit 100 000 Großrussen für 1928 auf keinen Fall eine zu hohe Zahl anzusetzen.

Ganz müssen wir den Boden der polnischen Statistik verlassen, wenn wir uns der schwierigen Aufgabe unterziehen, die Zahl der Kassuben und Masuren in Polen festzustellen. Die polnische Statistik führt nämlich diese Volksgruppen überhaupt nicht an. Zwar haben die Kassuben wie die Masuren noch kein politisches Eigenleben — sie trotzdem als besondere Nationen anzuführen, zwingt uns zum mindesten bei den Kassuben die Tatsache ihrer ausgesprochenen Sprachgemeinschaft, die keine Dialektgemeinschaft innerhalb des Polnischen ist, was neuerdings auch polnische Sprachforscher aner-

---

[1]) Natio I 1, S. 54 ff.

[2]) Nach einer mündlichen Mitteilung der Litauischen Gesandtschaft in Berlin rechnet man heute noch damit, daß 65% der Bevölkerung des Wilnagebietes Litauer seien, eine Angabe, der leider jede Unterlage fehlt.

[3]) Braunias in »Deutsche Blätter in Polen« V 11, S. 481.

kennen. So führt der angesehene Krakauer Slavist Kazimierz Nitsch in der »Encyklopedya Polska« aus: »Aus der heute nicht dem geringsten Zweifel unterliegenden Tatsache, daß die kassubischen (pommeranischen Dialekte) sich als Ganzes den polnischen Dialekten im engeren Sinne des Wortes gegenüberstellen, geht die Notwendigkeit hervor, sie gesondert zu behandeln« [1]).

Bei der amtlichen Volkszählung am 1. XII. 1905 bekannten sich 71 836 Personen zur kassubischen Muttersprache, am 1. XII. 1910 107 199. Eine Schätzung von Nadworski glaubt für das Jahr 1889 mit 122 600, eine von Stefan Ramult für das J. 1899 mit 186 217 das Richtige zu treffen. Lorenz nimmt für 1926 140—150 000 insgesamt, also nicht nur für Polen, an. Mit 130000 für das polnische Pommerellen allein greifen wir für 1921 nicht zu hoch [2]). Was die Masuren anlangt, so rechnet Kutzscher [3]) mit 15 000. Wir begnügen uns, in Anlehnung an die letzte preußische Zählung, mit 10 000 Masuren.

Als letzte slavische Minderheit in Polen bleiben die Tschechen. Die polnische Statistik zählt 30 632. Eine Nachprüfungsmöglichkeit dieser Zahl haben wir nicht. Wir machen uns notgedrungen die Angabe der polnischen Statistik zu eigen und nehmen als den natürlichen Mindestzuwachs den Durchschnitt für Polen an. Somit kommen wir für 1928 auf

34 000 Tschechen.

Wir kommen zu den nichtslavischen Volksgruppen in Polen.

Juden führt die polnische Statistik 2 048 944, als zum mosaischen Glauben gehörige jedoch 2 771 949 [4]).

Wenn sich auch wirklich nur 75 % der Juden zur jüdischen Nationalität bekannt haben sollten, so besagt das ja noch lange nicht, daß der restliche Teil zum Polentum gehört, wie es die polnische Statistik angibt, um dem Wunsche eines Nationalstaates möglichst nahezukommen. Jiddisch sprechen gewiß alle 100 % [5]), und die geistige, seelische und sittliche (schon durch die Religion bedingte) Haltung dieser durch den polnischen Terror verschüchterten 25 % ist sicher

---

[1]) Zitiert nach Lorenz in »Der Kampf um die Weichsel«, Bln./Leipzig 1926, S. 60.

[2]) Vgl. über die Kassuben außerdem das auf Seite 36 Gesagte.

[3]) a. a. O. S. 162.

[4]) Wiadomoście stat. Rok 4 Nr. 21. Im Rocznik stat. 1925/26 S. 25 wird die Zahl der Juden mit 2 845 364 angegeben.

[5]) Die wenigen Intellektuellen, die ins Polentum hinüberzugleiten trachten, spielen zahlenmäßig keine Rolle.

ganz eindeutig. Ganz kürzlich verließ Maliszewski den Boden der polnischen Statistik, indem er die Zahl der Juden auf 2,4 Millionen ansetzte. Die Juden selbst geben sich mit 3 000 000 an. Diese Zahl wäre richtig (genau 3,08 Millionen), wenn der Geburtenzuwachs der Juden dem Durchschnittszuwachs für Polen gleichkäme. Das dürfte aber nicht der Fall sein. Bereits für 1910 bzw. 1907 hatte Max Rosenfeld [1]) nachgewiesen, daß die Geburtenziffer der Juden in Kongreßpolen, wie in Galizien niedriger sei, als die der Polen, Ukrainer und Großrussen. Es spricht nichts dafür, daß die Verhältnisse sich inzwischen zugunsten der Juden gebessert haben. Wir setzen für 1928 vorsichtig mit Rappaport [2])

2,9 Millionen Juden an.

Am genauesten ist die Zahl der Deutschen in Polen. Hier liegen gründliche Vorarbeiten vor [3]). Nach der letzten Volkszählung gab es 1921 1 036 Millionen. Die Abwanderung aus Posen und Pommerellen beträgt vom Zählungstag bis Ende 1924 nach der Statistik der Deutschen Reichsstelle für das deutsche Auswanderungswesen 295 287 Personen, die Abwanderung aus Oberschlesien 100 000 Personen.

Bis Ende 1926 hat sich die Gesamtzahl der Abgewanderten auf rund 420 000 Seelen erhöht. Demnach hätten wir heute in Polen einige 600 000 Deutsche. Wie unsinnig die polnische Statistik ist, zeigt folgende Überlegung. Die Statistik nennt als Zählungsergebnis [4]) 769 392 Deutsche (da Oberschlesien damals noch nicht zu Polen gehörte, sind die Deutschen aus diesem Gebiete in dieser Ziffer nicht enthalten. Erst später wurden sie hinzugerechnet, so daß sich dann die Ziffer 1 036 Millionen ergab), davon in Posen und Pommerellen 503 613. Zieht man die 320 000 aus diesem Gebiete bis Ende 1926 ausgewanderten Deutschen ab, so kommt man, wenn der natürliche Zuwachs zunächst außer acht gelassen wird [5]), auf 183 617 Deutsche in Posen und Pommerellen für 1928. Bei den Sejmwahlen 1928 fielen auf die Liste des Minderheitenblocks in den genannten Wojewodschaften

---

[1]) Die polnische Judenfrage, Wien/Berlin 1918, S. 65 u. 80. Näheres hierzu weiter unten S. 152.

[2]) a. a. O. S. 250.

[3]) Zu nennen sind: Andreas Mückler »Das Deutschtum Kongreßpolens« Leipzig/Wien 1927 und: Friedrich Heidelck: »Die Zahl der Deutschen in Polen« in »Deutsche Blätter in Polen« IV 12, S. 598 ff. und die »Stellung des Deutschtums in Polen« in derselben Zeitschrift VI 2, S. 19 ff.

[4]) Z. B. in Rocznik Stat. 1927.

[5]) Eine wie unbedeutende Rolle der Bevölkerungszuwachs der Deutschen in Westpolen spielt, zeigen wir weiter unten S. 150 f.

186 577 Stimmen [1]). In diesem Gebiet war aber Minderheitenblock und deutscher Block identisch. Somit hätten mehr Personen das aktive Wahlrecht zugunsten der Deutschen ausgeübt, als es Deutsche in diesen Gebieten überhaupt gibt.

Im Jahre 1926 haben die deutschen Abgeordneten in Posen und Pommerellen durch 30—40 besoldete Zähler eine Zählung der Personen vorgenommen, die sich zum Deutschtum bekennen. Die Zählung hat 341 511 Deutsche ergeben. In den Grenzkreisen hat die Zählung infolge von Schwierigkeiten, die die polnischen Behörden bereiteten, nur unvollkommen durchgeführt werden können. Außerdem muß damit gerechnet werden, daß, durch die polnische Nationalitätenpolitik eingeschüchtert, manche Deutsche sich als solche nicht anzugeben wagten. So hat beispielsweise diese Erhebung 29 363 Katholiken deutscher Nationalität nachgewiesen, eine Zahl, die offenbar viel zu klein ist [2]). Die polnische Gazeta Gdanska gibt (Nr. 54 v. 6. 3. 28) die Zahl der deutschen Katholiken in Posen und Pommerellen mit rund 42 000 an. Heidelck schätzt die Gesamtzahl der durch die Zählung nicht festgestellten Deutschen auf 30 000, so daß für Posen und Pommerellen mit 370 000 Deutschen gerechnet werden kann, von denen 240 000 auf Posen und 130 000 auf Pommerellen entfallen. Für Oberschlesien, in dem ja die amtliche Zählung von 1921 nicht stattgefunden hat, wird sowohl von deutscher wie polnischer Seite die Zahl der Deutschen [3]) auf rund 300 000 angegeben. Diese Schätzung beruht auf der Voraussetzung, daß die Deutschen unter der Gesamtbevölkerung in Oberschlesien rund $^1/_3$ ausmachen. Die Sejmwahlen des J. 1928 ergaben für den Wahlkreis Königshütte 39,66 %, für den Wahlkreis Kattowitz 34,12 % deutsche Stimmen.

Bezüglich der Zahl der Deutschen in Kongreßpolen kam Mückler in seiner Untersuchung zu dem Ergebnis von 300 000 für 1923. Nach der Zählung von 1921 beträgt die Zahl der Evangelischen in den betr. Wojewodschaften und in der Stadt Warschau 318 000. Deutsche gibt es nach dieser Zählung nur 168 000. Eine Untersuchung der österreichischen Zählung von 1916 und der Wahlstatistik der Sejmwahlen von 1919 und 1922 zeigt, daß in Kongreßpolen die Zahl der

---

[1]) Braunias, a. a. O. S. 488.

[2]) Vgl. Domherr Prof. Dr. Steuer in »Deutsche Blätter in Polen«, IV 5, S. 186 ff. und IV 6, S. 281. Steuer rechnet mit 60 000 deutschen Katholiken.

[3]) So Siegmund Stolinski: Die deutsche Minderheit in Polen, Warschau 1928, und W. Lypaczewicz: Sprawy narodow. 1927, Nr. 2, S. 123.

Evangelischen mit der der Deutschen annähernd übereinstimmt. Das evangelische Jahrbuch für 1925 (Rocznik Evangelicki) spricht von 35 850 evangelischen Polen. Abzüglich dieser und unter Zuschätzung von 15 000 katholischen Deutschen und 5000 Deutschen, die den verschiedenen Sekten angehören, kommt Mückler für 1923 auf die Zahl von 300 000 und unter Berücksichtigung der Zugeburten für 1927 zum Endergebnis von 320 000.

Außer in Kongreßpolen gibt es Deutsche in größerer Anzahl im ehemals russischen Teilgebiet noch in Wolhynien. Die polnische Statistik führt 24 960, hingegen 39 029 Protestanten, einschließlich der evangelischen Sektierer. Etwa 4 000 davon mögen Tschechen sein. (Nach der polnischen Statistik gibt es in ganz Polen 3952 evangelische Tschechen.) Wir können also, wenn wir noch 5000 evangelische Polen abrechnen, für 1921 mit rund 30 000 Deutschen in Wolhynien rechnen. Jedoch sind genau so, wie die Ukrainer und Weißrussen, viele Deutsche erst nach der Volkszählung in ihre durch den Krieg zerstörte Heimat zurückgekehrt. Nach einer Angabe eines der Führer der Deutschen in Wolhynien, die sich auf sorgfältige Untersuchungen stützt, gibt es 1927/28 47 000 Deutsche in Wolhynien [1]).

Für das Teschener Schlesien gibt der deutsche Abg. Pietsch 40 000 Deutsche an. Dieser Behauptung liegen nach Heidelck genaue Aufzeichnungen zugrunde [2]).

Noch schwieriger ist es, die Zahl der Deutschen in Galizien festzustellen. Stolinski errechnet 44 000, indem er die Statistik der Schulkinder zugrunde legt.

Diese Zahl dürfte stimmen. Nach einer Mitteilung der zuständigen deutschen Stellen in Galizien rechnen diese selbst mit 45 000 Deutschen. Diese Angabe beruht auf z. T. sehr sorgfältigen Untersuchungen. Die von Heidelck angenommene Zahl von 50 000 dürfte zu hoch sein. Wenn wir von den Bekenntnissen ausgehen, kommen wir für 1925 auf 31 123 evangelische Deutsche [3]) und 8732 katholische Deutsche [4]) in Galizien. Diese letzte Ziffer ist unsicher, aber bestimmt nicht zu hoch [5]). Besonders in Westgalizien gibt es zahlreiche deutsche Dörfer,

---

[1]) Dr. Kurt Lück: »Zur Rechtslage der deutschen Minderheit in Wolhynien« in »Nation u. Staat«, Januar 1928, S. 338.

[2]) Die polnische Statistik führt 29 010 Deutsche.

[3]) »Der Protestantismus in Polen«, Posen 1925, S. 42.

[4]) »Deutsche Post aus dem Osten« II 6, S. 135.

[5]) In Natio I 5, S. 26 wird von 35 000 katholischen Deutschen in Ostgalizien gesprochen. Diese Zahl ist bestimmt zu hoch. Sie galt vielleicht vor 50 Jahren.

die der Einwirkung polnischer Geistlicher und polnischer Behörden schutzlos preisgegeben sind. Freilich ist es auch unmöglich festzustellen, wie viele dieser Deutschen dem Einfluß bereits erlegen, d. h. polonisiert sind. Die Grenzen zwischen Deutschtum und polonisiertem Deutschtum sind hier sehr verwischt und lassen sich kaum festlegen. Wir machen uns die Schätzung von 45 000 Deutschen in Galizien für 1928 zu eigen.

Somit stellt sich uns die zahlenmäßige Struktur der Deutschen in Polen für 1928 folgendermaßen dar:

1. Posen	240 000
2. Pommerellen	130 000
3. Oberschlesien	300 000
4. Kongr.-Polen	320 000
5. Wolhynien	47 000
6. Teschener Schlesien	40 000
7. Galizien	45 000
insgesamt:	1 122 000

Eine Übersicht über alle Volksgruppen in Polen nach unserer Berechnung für 1921 und 1928 mag der polnischen Statistik und den letzten amtlichen nichtpolnischen Volkszählungsergebnissen gegenübergestellt werden.

Struktur der Volksgruppen in Polen.

1. In absoluten Ziffern.

	Poln. Statistik vom 30. 9. 21	Letzte österr. bezw. dtsche bezw. russ. Zählung 1910 oder 1897	Eigene Berechng. f. 1921	Eigene Berechng. f. 1928
Polen	18 811 550	15 206 374	16 361 101	17 814 094
Ukrainer	3 878 000	4 880 312	4 895 992	5 772 700
Weißrussen	1 057 000	1 704 520	1 600 000	2 137 500
Großrussen	48 920	408 400	80 000	100 000
Litauer	72 000	66 610	72 000	82 668
Kassuben	—	104 464	130 000	140 000
Masuren	—	8 896	9 000	10 000
Tschechen	30 632	8 718	30 632	34 000
Juden	2 123 000	3 155 077	2 771 949	2 900 000
Deutsche	1 036 000	2 188 683	1 542 600	1 122 000
Andere	121 555	129 797	—	—
Insgesamt:	27 192 674	27 861 851	27 492 674	30212962[1])

[1]) Diese Ziffer nach Kwartalnik Stat. V, 3, 1928, S. 1316.

Die Gesamtzahl der Nichtpolen beläuft sich für:

1921 auf 11 131 573

1928 auf 12 298 868 [1]).

2. In Hundertteilen.

	Poln. Statistik vom 30. 9. 21	Letzte österr. bzw. dtsche. bzw. russ. Zählung 1910 oder 1897	Eigene Berechng. f. 1921	Eigene Berechng. f. 1928
Polen	69,2	54,6	59,5	59,3
Ukrainer	14,0	17,5	17,8	19,1
Weißrussen	3,9	6,1	5,8	7,1
Großrussen	0,2	1,5	0,3	0,3
Litauer	0,3	0,2	0,2	0,2
Kassuben	—	0,4	0,5	0,5
Masuren	—	0,1	0,1	0,1
Tschechen	0,2	—	0,1	0,1
Juden	7,8	11,3	10,1	9,6
Deutsche	3,8	7,8	5,6	3,7
Andere	0,6	0,5	—	—
	100	100	100	100

Bei der Zahl der Ukrainer in Ostgalizien ist zu bedenken, daß die Zählung auch schon unter österreichischer Herrschaft der Willkür der Polen ausgesetzt war.

Polen ist also ein ausgesprochener Nationalitätenstaat. Ja, wenn wir den Anteil der sogenannten Minderheiten in den einzelnen Wojewodschaften überprüfen, zeigt sich deutlich, daß diese Volksgruppen in einem großen Teil der Polnischen Republik den größten Teil der Gesamtbevölkerung stellen. Wir legen wiederum die konfessionelle Statistik zugrunde.

Um sie für unsere Zwecke nutzbar zu machen, haben wir festzuhalten:

1. Römisch-katholisch sind die Polen bis auf:

200 000 Ukrainer,

230 000 Weißrussen,

270 000 Deutsche in Ob.-Schl. und im Teschener Schlesien

42 000 ,, in Posen und Pommerellen,

[1]) Daß auch einsichtige Polen mit einem ebenso großen Anteil der Nichtpolen an der Gesamtbevölkerung des Landes rechnen, bewies in einem Vortrag der hier schon öfter genannte Wasilewski, der die Zahl der Ukrainer mit 6, die der Weißrussen mit 2, die der Juden mit 2,8, die der Deutschen mit 1,2 und die der Litauer mit 0,1 Millionen einschätzte. (Berl. Börsen-Zeitung v. 1. 3. 1930.)

Die Bekenntnisse in Polen 1921 (Nach Rocznik statystyki 1925/26.)

Wojewodschaft	Gesamtzahl	römisch-kathol.	griechisch-kathol.	andere kathol. Konfession	orthodox	andere östl. Bekenntnisse	evangelisch	andere evang. Bekenntnisse	jüdisch	andere nichtchristl. Bekenntnisse	ohne Religionszugehörigkeit	unbekannt
Warschau-Stadt	936 713	597 798	428	214	5 753	68	18 073	174	310 322	105	3209	489
Warschau	2 112 798	1 802 427	206	12 502	4 637	7	84 427	1 764	203 425	124	258	21
Lodz	2 252 769	1 734 117	266	12 044	4 555	9	171 169	2 377	326 973	17	1241	1
Kielce	2 535 781	2 220 902	247	742	2 836	3	10 307	16	300 489	5	208	26
Lublin	2 087 951	1 619 755	3 256	6 560	152 598	2	17 065	948	287 639	14	100	14
Białystok	1 307 826	896 622	613	353	197 407	4 988	13 075	66	194 095	441	125	41
Wilna	973 404	595 488	14	—	261 426	22 065	1 049	10	91 784	1268	1	299
Nowogrodek	825 028	326 206	190	2	421 556	290	482	20	74 467	1777	12	26
Polesien	881 005	68 805	73	46	697 373	26	3 804	122	110 639	64	27	6
Wolhynien	1 437 907	166 512	608	—	1 066 842	20	36 695	2 334	164 740	98	30	28
Posen	1 967 865	1 632 087	902	226	1 070	65	321 564	1 308	10 397	145	76	25
Pommerellen	935 643	744 699	385	137	1 038	34	183 678	2 546	2 127	113	50	36
Tesch. Schlesien	144 671	95 033	114	6	17	5	41 888	75	7 337	3	190	3
Oberschlesien	980 296	909 127	—	—	—	—	61 170	—	9 313	—	—	686
Krakau	1 992 810	1 779 389	52 864	71	1 379	41	5 708	133	152 926	43	171	85
Lemberg	2 718 014	1 264 162	1 126 207	4	1 456	6	12 403	369	313 206	19	134	48
Stanislau	1 339 191	191 758	994 753	1	829	1	10 086	54	141 524	122	42	21
Tarnopol	1 428 520	447 810	847 907	1	918	2	2 825	57	128 965	4	18	13
Im Heere	318 525	272 653	2 006	24	25 165	119	3 748	43	14 196	460	81	30
Insgesamt:	27 176 717	17 365 350	3 031 059	33 013	2 846 855	27 771	1 002 216	12 416	2 845 364	4822	5973	1898

15 000 Deutsche in Kongreßpolen,
10 000 „ in Galizien,
140 000 Kassuben,
70 000 Litauer,
8 000 Tschechen.

2. Griechisch-katholisch sind nur Nichtpolen (uniert).
3. Das gleiche gilt von den Orthodoxen.
4. Die Evangelischen fallen an die Deutschen, Tschechen, Litauer und Polen.
   Polen evangelischen Bekenntnisses gibt es in Kongreßpolen 25 850, in Galizien 1 500 [1]), in Oberschlesien 8 000 [2]), im Teschener Schlesien 20 000, insgesamt also: 65 350.
5. Die Angehörigen mosaischen Bekenntnisses fallen an die Juden.

Somit ergäbe sich für die einzelnen Wojewodschaften folgender Volksanteil der Polen:

Wir beginnen im Südosten [3]).

1. Stanislau:

191 758 Römisch-Katholische
davon 5000 Deutsche, 40 000 Ukrainer.
Somit 145 758 Polen = 10,8 %
(Poln. Statistik 299 088 = 22,2 %)

2. Tarnopol:

447 810 Römisch-Katholische
davon 30 000 Ukrainer.
Somit 417 810 Polen = 29,2 %
(Poln. Statistik 45,0 %)

3. Lemberg:

1 264 162 Römisch-Katholische
davon 5 000 Deutsche
30 000 Ukrainer.
Somit 1 229 162 Polen = 45,2 %
(Poln. Statistik 56,6 %)

---

[1]) »Der Protestantismus in Polen« S. 61.

[2]) a. a. O. S. 68.

[3]) Wir legen diesen Berechnungen den Bestand von 1921 zugrunde, da die Verhältnisse der einzelnen Volksgruppen zueinander etwa gleichgeblieben sind. Nur in Posen, Pommerellen und Oberschlesien trifft dies wegen der zahlreichen Abwanderung der Deutschen und der Zuwanderung der Polen nicht zu. Hier nehmen wir den Stand von 1928 hinzu.

ETHNISCHER ANTEIL DER POLEN IN DEN EINZELNEN WOIEWODSCHAFTEN 1928

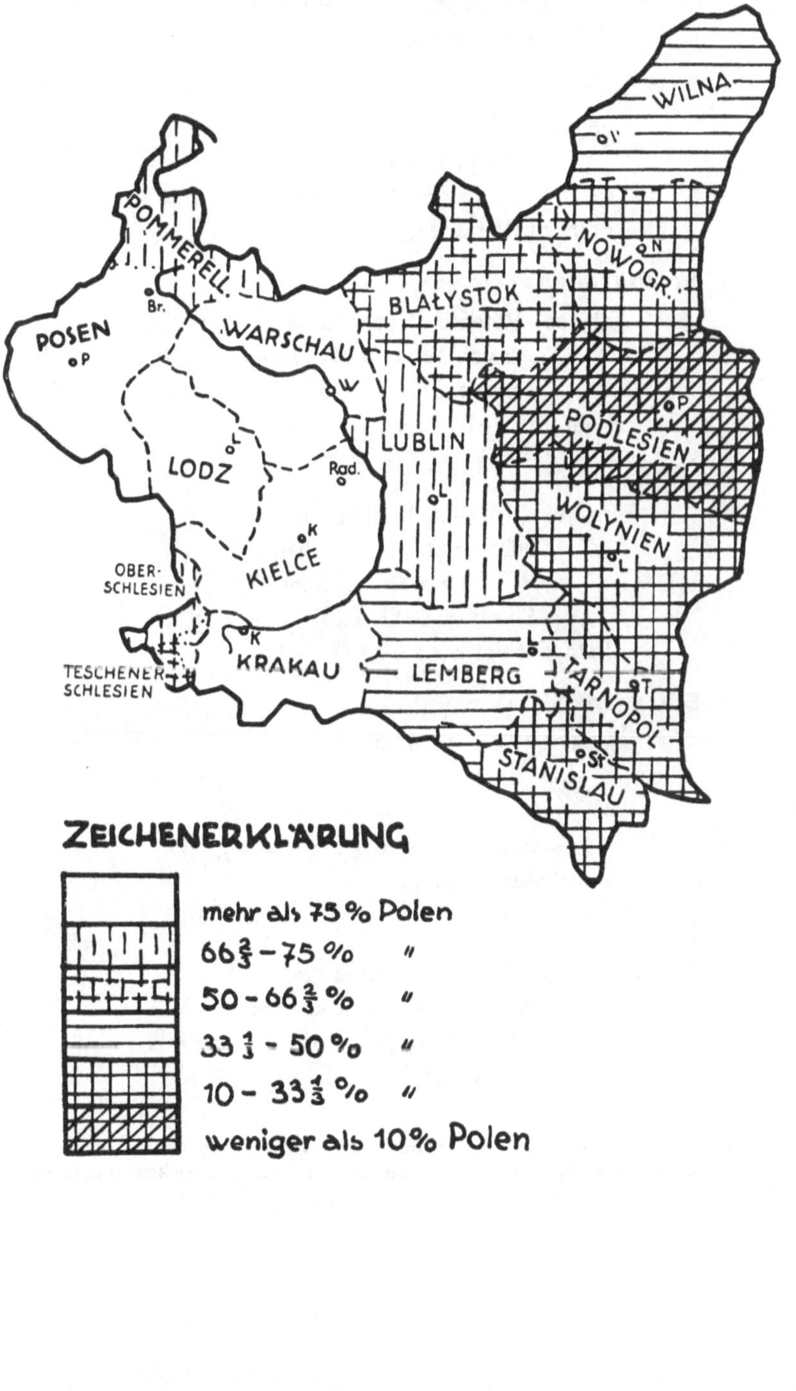

4. Wolhynien:

166 512 Römisch-Katholische
davon 8 000 Tschechen
Somit 158 512 Polen = 11 %
(Poln. Statistik 16,8 %)

5. Polesien:

68 805 Römisch-Katholische
davon 10 000 Weißrussen
Somit 58 805 Polen = 6,6 %
(Poln. Statistik 24,3 %)

6. Nowogrodek:

326 206 Römisch-Katholische
davon 100 000 Weißrussen
Somit 226 206 Polen = 27,1 %
(Poln. Statistik 54,0 %)

7. Wilna:

595 488 Römisch-Katholische
davon 90 000 Weißrussen
60 000 Litauer
Somit 445 488 Polen = 45,7 %
(Poln. Statistik 57,4 %) [1])

8. Białystok:

896 622 Römisch-Katholische
davon 10 000 Litauer
30 000 Weißrussen
Somit 856 622 Polen = 65,5 %
(Poln. Stat. 76,9 %)

9. Lublin:

1 619 755 Römisch-Katholische
davon 100 000 Ukrainer
Somit 1 519 755 Polen = 72,8 %
(Poln. Stat. 85,4 %)

---

[1]) Die in der Statistik angeführten 1268 Nichtchristen neben den Juden werden wohl den Karaimen angehören, die Türken jüdischen Bekenntnisses sein sollen.

10. Warschau (Stadt):

597 758 Römisch-Katholische
denen 15 000 evangel. Polen zuzurechnen
sind
Somit 612 831 Polen = 65,2 %
(Poln. Stat. 72,4 %)

11. Warschau:

1 802 427 Römisch-Katholische
davon 5 000 Deutsche
12 502 Polen anderer kath. Bekenntnisse sind hinzuzurechnen,
ebenso
5 000 evangel. Polen
Somit 1 824 929 Polen = 86,1 %
(Poln. Stat. 89,8 %)

12. Lodz:

1 734 117 Römisch-Katholische
davon 5 000 Deutsche
15 850 Polen ev. Konf. und
12 044 anderer kath. Bek. sind hinzuzurechnen
Somit 1 757 011 Polen = 77,8 %
(Poln. Stat. 83,2 %)

13. Kielce:

2 220 902 Römisch-Katholische
davon 5 000 Deutsche
Somit 2 215 902 Polen = 87,4 %
(Poln. Stat. 91,3 %)

14. Krakau:

1 779 389 Römisch-Katholische
ebensoviel Polen = 89,3 %
(Poln. Stat. 93,0 %)

15. Teschener Schlesien

95 033 Römisch-Katholische
davon 20 000 Deutsche
20 000 ev. Polen sind zuzurechnen
Somit 95 033 Polen = 65,7 %

16. Oberschlesien:

909 127 Römisch-Katholische
davon 250 000 Deutsche
8 000 ev. Polen sind zuzurechnen
Somit 667 127 Polen = 68,1 %
(Poln. Stat. für ganz Schlesien 71,5 %)

17. Posen:

a) 1910 1 944 243 Einw., davon 1 262 471 Polen = 64,9 %

b) 1921
Posen u. Pommerellen 2 903 508 Einw., davon 2 074 508 Polen = 71,4 %
(Poln. Stat. Posen = 82,5 %
Pommerellen = 80,4 %)

c) 1926
nur Posen 1 974 000 Einw., davon 1 734 000 Polen = 87,9 %

18. Pommerellen:

a) 1910 989 715 Einw., davon 439 014 Polen = 44,4 %

b) 1921 s. oben.

c) 1926 939 000 Einw., davon 659 000 Polen = 70,2 %.

Der Siedelraum der Volksgruppen.

Ein Überblick über das Gesamtterritorium der Polnischen Republik zeigt, daß in einem ganz bedeutenden Teil, nämlich in den Wojewodschaften Wilna, Nowogrodek, Polesien, Wolhynien, Tarnopol, Stanislau und Lemberg, die Polen in der Minderheit sind, also die sogenannten Minderheiten durchaus die Mehrheit ausmachen. Die Verfolgung des Anteils der einzelnen Nationalitäten an der Gesamtbevölkerung ließ bereits deutlich erkennen, daß wir unterscheiden müssen zwischen solchen Nationalitäten, die ein geschlossenes Territorium bewohnen, und solchen, die inselartig ohne räumliche Verbundenheit untereinander über ein mehr oder minder großes Gebiet der Republik ausgestreut sind. Zu den geschlossen siedelnden Volksgruppen haben wir zu zählen:

WEISSRUSSEN
GRENZE NACH WASI-LEWSKI
GRENZE NACH RUDNICKYI
Bielsk
Prushany
POLESIE
Pinsk
Biala
Brest Litowsk
PRIPIET
STYR
GORYN
Wtoddawa
Lublin
TUCYJA
Krasnataw
Cholm
Tornogrod
Wladimir Wolynsk
POLEN
LUBLIN
UKRAINER
Luzk
WOLHYNIEN
Bielgoreij
Zamosc
Tomaszow
Dubno
WEICHSEL
Tarnow
KRAKAU
Rzeszow
Jaroslau
LEMBERG
Przemysl
Grodek
Lemberg
Gorlice
Zmigrod
Neu Sandec
Rymanow
Sanok
Tarnopol
TARNOPOL
DNIESTER
Turka
Stanislau
STANISLAU
Kolomea
DNIESTER
PRUTH
SIEDELRAUM DER UKRAINER
ZEICHENERKLÄRUNG
Ethnische Grenzen
Staatsgrenzen
Wojewodschaftsgrenzen

1. die Ukrainer in den Wojewodschaften Stanislau, Lemberg, Tarnopol, Wolhynien und in einem Teil von Polesien und Lublin;

2. die Weißrussen in Nowogrodek, Wilna und in einem Teil von Białystok und Polesien;

3. die Litauer in einem Teil von Białystok und Wilna;

4. die Kassuben in Pommerellen.

Als zerstreut siedelnde Nationalitäten erweisen sich:

1. die Juden, die zwar wie

2. die Deutschen in allen Wojewodschaften, aber in andern Siedlungsformen zu finden sind;

3. die Tschechen, von denen der Hauptteil in Wolhynien, ein zweiter südlich Lodz und ein kleinster dritter in Teschener Schlesien zu suchen ist;

4. die Russen, deren größte Zahl wohl in Nowogrodek, Polesien und Wolhynien wohnt, die man aber auch in der Hauptstadt Warschau und in einzelnen Familien in ganz Westpolen antrifft.

Die durchgeführte Übersicht über den Anteil der Polen in den einzelnen Wojewodschaften ist zwar unter den gegebenen Verhältnissen denkbar zuverlässig, weil sie auf der amtlichen Konfessionsstatistik aufbaut, jedoch auch sehr grob, weil die ethnischen Grenzen der einzelnen Nationalitäten nicht deutlich werden. Auch unsere vorangegangene Untersuchung über die Zahl der einzelnen Volksgruppen genügt nicht, um ihre Stärken zu erweisen, da ja nichts über ihre qualitativen Positionen ausgesagt wird. Diese Mängel wollen wir im folgenden abzustellen suchen, indem wir zunächst die ethnischen Grenzen der einzelnen Nationalitäten aufzeigen und dann ihre soziale Struktur und ihr Kulturniveau ganz kurz umschreiben.

Die genugsam bekannte Unzuverlässigkeit der polnischen Statistik macht es unmöglich, ein wirklich zuverlässiges Bild des Siedlungsraumes der einzelnen Volksgruppen zu geben, aus dem ihr Anteil in den einzelnen Landschaften und womöglich der Gemeinden deutlich wird. Wir müssen uns mit ungefähren Angaben begnügen.

Die Ukrainer stehen mit ihrem Volksanteil an erster Stelle in Stanislau, Tarnopol und Wolhynien. Vorhanden sind sie noch in größerer Anzahl in Lemberg, Krakau, Lublin und Polesien. Im Westen stoßen sie auf dem Siedelraum der Polen, im Norden auf den der Weißrussen.

Auf dem Karpathenkamm entlang — um im Süden zu beginnen — reicht die ukrainische Sprachgrenze bis etwa Neusandez, um dann in einer scharfen Kurve bis etwa Przemysl zurückzuspringen. So entsteht ein spitzer ukrainischer Keil, der ziemlich tief in die polnische Krakauer Wojewodschaft vorstößt. Von Przemysl geht es den San entlang bis vor Nisko, dann steil nordwärts auf Brest-Litowsk zu, sodaß Teile der früheren russischen Kreise Tarnogrod, Krasnostaw, Cholm und Biala noch in dem ukrainischen Siedelraum fallen, hingegen Krasnik, Lublin und Siedlce schon den Polen zukommen. Von Brest-Litowsk geht es weiter westwärts über Bielsk auf den Narew zu, diesen entlang, um in südöstlicher Richtung über den Bialoweser Urwald und Prushany, die Jasolda, den Wygonowskoje-See auf die Mündung der Zna in den Pripet zu stoßen [1]).

Den Volksraum des weißrussischen wie der litauischen Nationalität zu umschreiben, ist deshalb besonders schwierig, weil außer dem Mangel einer zuverlässigen Statistik besonders nördlich von Grodno eine schwer bestimmbare Mischbevölkerung wohnt, die sich aus weißrussischen, litauischen und polnischen Elementen zusammensetzt. Diese sogenannten »Hiesigen« wollen von keiner Nationalität etwas wissen, erweisen sich aber, wenn man ihrer ethnischen Herkunft nachgeht, als entnationalisierte Litauer und Weißrussen.

So führt beispielsweise der Litauer Olsejko-Wilna aus [2]), daß es in den jetzt polnischen Gebieten 1914 nach den russischen, deutschen und örtlich-kirchlichen statistischen Daten 300 000 Litauer gegeben habe, daß aber ein erheblicher Teil im Weißrussentum und Polentum aufgegangen sei. Bei den Weißrussen finden sich besonders bei studierten Bauernsöhnen katholischer Konfession Übergänge ins Polen-

---

[1]) Nach Wasilewski (Ukraina, Krakau 1911, S. 10) gehören zur ethnographischen Ukraine Wolhynien, Teile der Kreise Pinsk, Mozyr, Bialostok, Bielsk, Kobrin, Pruzany, Brzesk, kleine Teile von den kongreßpolnischen Kreisen Janow, Biala, Wladawa, Cholm, Hrubeszow, Samosc, Bilgoraj, Tomaschew, vom früheren Österreich Ostgalizien mit dem auf den Karpathen nach Westgalizien bis Neusandez und Neumarkt eingreifenden Streifen.

Die Nordgrenze des ukrainischen Gebietes beschreiben wir nach Rudnickyj »Ukraina«, Wien 1916, S. 134 f. Korduba (Territorium und Bevölkerung der Ukraine, Wien 1919, S. 7) läßt die Nordgrenze vom Wygonowskoje-See aus mehr östlich als südöstlich verlaufen, so daß sie noch ein ganzes Stück am Zna entlang führt. Die Ostgrenze zeichnet Rudnickyj folgendermaßen: Schlachtowa, Piwnica, Gribow, Gorlica, Zmigrod, Dukla, Rymanow, Zarzyn, Ssjanik, den San bis Dubezjko. Von hier Nordostrichtung. Ab Radimno wieder den San entlang über Jaroslau, Ssinjawa, Lezajsik nach Tamogrod. Dann Bilgoraj, Schtschebreschyn, Samostja, Krasnostaw, Ljubartew, Radyn, Lukiw, Sokoliw, Dorohytschin, Bielsk, Narew.

[2]) In der Zeitschrift Natio I, 1, S. 54 ff.

tum, während die orthodoxen Bekenntnisses nicht selten zu Russen werden. Doch sowohl Litauer wie auch Weißrussen befinden sich in einem Stadium erwachenden Nationalbewußtseins. Jeder Tag vermag neue Gültigkeiten zu schaffen. Wir folgen in unserer Grenzziehung zunächst den Angaben des Polen Leon Wasilewski [1]) in seinem noch vor dem Kriege herausgebrachten Buch über Litauen und Weißrußland; ein Buch, das trotz aller propolnischen Einstellung den Vorzug für sich hat, zu einer Zeit geschrieben zu sein, in der es noch keinen Polnischen Staat gab und es noch nicht nötig war, für dessen Politik Propaganda zu treiben.

Die litauisch-polnische Grenze läuft (im Nordwesten angefangen) von Wisztyniec über Punsk oberhalb von Sejny nach Sventojansk am Niemen nördlich von Druskieniki. Dort beginnt die litauisch-weißrussische Grenze, die das Stück um Druskieniki vom Grodnoer Kreise abschneidet, dann etwa über Nowy-Dwor, Eischischki, Binjakon auf den Kreis Troki zuführt, von dem das westliche Stück an die Litauer fällt. Bei Geischyschki geht die litauisch-weißrussische Grenze über die Wilja auf Svenciany zu. Weiter Richtung Kiemle, Lyntupy, dann die Grenze des Kreises Disna an den See Dreswiaty.

Die weißrussisch-polnische Volksgrenze beschreibt Wasilewski folgendermaßen: Sie zieht sich durch die Kreise Sapolka und Bialostok über Suchowolja, Kowycin, Knyschin östlich von Suraz an den Narew. Dort beginnt die weißrussisch-ukrainische Grenze. Der Narew bleibt bis zum Bieloweser Urwald die Grenze. Von dort aus läuft sie oberhalb von Pruzany nach Osten mit einer kleinen Neigung nach Norden. Von der Schara wendet sie sich gegenüber von Dawidgrodek an den Pripet. Die Grenze in Polesien scheint uns Wasilewski für die Weißrussen ein wenig zu ungünstig verlaufen zu lassen. Nach Rudnickyj, der Ukrainer ist, läuft sie nördlicher (s. o.).

Schließlich bleibt uns noch der kassubische Volksraum zu umschreiben. Die Sonderstellung der Kassuben besteht darin, daß sie überhaupt nur in einer einzigen Landschaft, nämlich in Pommerellen, anzutreffen sind. Verlängert man den ersten nordöstlich gerichteten Teil des Flusses Schwarzwasser auf die Stadt Danzig zu, so ist die Südgrenze des kassubischen Volksraumes festgelegt. Im übrigen fallen seine Grenzen im ganzen mit denen des Polnischen Staates zusammen. Das Sprachgebiet der Kassuben umfaßt also die

---

[1]) Wasilewski, »Litwa i Bialorus«, Krakau o. J. S. 80 ff.

SIEDELRAUM DER WEISSRUSSEN UND LITAUER

—·—·— SIEDELRAUM DER KASCHUBEN

Kreise Putzig, Neustadt und Karthaus. In die Kreise Berent, Konitz und Bütow ragt es (mit wenigen Ortschaften auch in die deutsch gebliebenen Kreise Stolp und Lauenburg) hinein.

Ausdrücklich sei über das Siedlungsgebiet der Kassuben wie über das der Ukrainer, Weißrussen und Litauer gesagt, daß es nirgends von andersstämmigen Einschlägen frei ist. So ist das Siedlungsgebiet der Kassuben von deutschen Sprachinseln besonders zwischen Karthaus, Berent und der Grenze des Danziger Freistaates und dann um Putzig herum durchsetzt. Auch die Ortschaft Hela an der Spitze der gleichnamigen Halbinsel ist von Deutschen bewohnt.

In den Städten des Volksraumes der Litauer, Weißrussen und Ukrainer sind besonders stark die Juden vertreten, daneben in weniger großer Anzahl die Polen. So waren beispielsweise 1910 von 100 Einwohnern Ostgaliziens in Lemberg 27,8, in 19 Mittelstädten 38,5, in 85 Kleinstädten 42,0 und in den kleinen Gemeinden 6,0 Juden [1]. Einen ähnlich starken Anteil haben die Juden in den Städten der Wojewodschaften Wolhynien, Polesien, Nowogrodek und Bialostok.

Die Polen bilden 1910 im ukrainischen Ostgalizien die Mehrheit in der Stadt Lemberg und ihrer Umgebung, im Kreise Brzosow und Jaroslau. Doch sind auch das nur eingesprengte Inseln. Neben dem Kreis Jaroslau, in dem nach der polnischen Statistik von 1910 die Polen 65,2 % ausmachen, liegt der Kreis Jagorow, wo sie mit kaum 11,8 % beteiligt sind [2]. Generell kann gesagt werden, daß im gesamten Osten die Hauptbevölkerung der Städte neben den Juden die Polen stellen. So betrug 1910 der Anteil der Polen Galiziens: in 58 Städten mit einer Bevölkerung von 5—20 000 Einwohnern 64 % (der der Ukrainer 23,4 %); in den Städten mit mehr als 20 000 Einwohnern Polen 72,5 %, Ukrainer 13,6 %.

Deutsche sind in dem ukrainischen Siedelraum in Ostgalizien hauptsächlich bei Kolomea und südwestlich der Linie Stanislau, Stryj, besonders um Dolina und um Lemberg eingesprengt. In Wolhynien siedeln sie zwischen Wladimir-Wolynsk, Luck, Dubno, Rowno, Rosischtsche. Ein dritter Teil siedelt bei Cholm. Außer im ukrainischen Gebiet sind als Hauptsiedlungsgebiete der Deutschen die Weichselniederung von Dirschau bis Warschau, der Netzebruch in seiner Verlängerung bis Bromberg und der Teil der Prov. Posen und Pommerellen anzusprechen, der westlich der Linie Rawitsch, Lissa,

[1] Max Rosenfeld, »Die polnische Judenfrage«. Wien, Berlin 1918, S. 77.

[2] Nach Wasilewski, »Ukraina«, S. 161.

Schmiegel, Graetz, Neutomischel, Pinne, Czarnikau, Kolmar, Wirsitz, Zempelburg, Konitz liegt. Vor allem aber ist zu nennen das Teschener Schlesien mit den überwiegend deutschen Städten Bielitz und Biala, Oberschlesien mit Kattowitz und Königshütte und Lodz mit seinen Vorstädten. In minder starker Anzahl treffen wir deutsche Siedlungen über ganz Posen und Pommerellen verteilt, ferner bei Rypin, Lipno, zwischen Sompolno, Gostynin und schließlich in ganz besonders schwacher Position in Westgalizien.

Die Juden sind, wie wir es schon in Ostgalizien feststellten, in großer Anzahl in allen Städten der Polnischen Republik anzutreffen, außer in den früher preußischen Gebieten, wo sie sich gleichzeitig mit zahlreichen Deutschen dem polnischen Terror durch Auswanderung bis auf ganz geringe Reste entzogen haben.

Soziologische Struktur der nichtpolnischen Volksgruppen.

Während die soziologische und damit auch die kulturelle Struktur der geschlossen siedelnden Nationalitäten (Ukrainer, Weißrussen, Litauer, Kassuben) sich verhältnismäßig einfach darstellt, ist sie bei den Juden und ganz besonders bei den Deutschen äußerst kompliziert. Im großen ganzen gilt, daß die Angehörigen der slawischen Nationalitäten vom Ackerbau und der Viehzucht leben, hingegen die Juden von Handel und Gewerbe. Die Deutschen zeigen ein landschaftlich verschiedenes, höchst mannigfaltiges Bild.

Nach der polnischen Statistik [1]) sind von insgesamt 1 939 913 berufstätigen Griechisch-Katholischen (Unierten) 1 808 979 in der Landwirtschaft und Forstwirtschaft beschäftigt, von den 1,7 Millionen Orthodoxen sind es 1,6 Millionen. Diesen Konfessionen gehören ja nur, wie wir bereits feststellten, Ukrainer, Weißrussen, Großrussen, Litauer und Tschechen an.

Die Ukrainer sind zu 90% in Galizien, zu 85% in den früher russischen Gebieten Kleinbauern. Auf 8,2 Millionen ha stehen 1,25 Millionen ukrainische Wirtschaften, von denen 967 000 weniger als 5 ha umfassen. [2]) Zu 8—10% sind sie Kleinbürger, die Intelligenz beträgt 2—5%. Ähnlich stellt sich die soziologische Gliederung der Weißrussen dar: 80% Bauern, 10% Kleinhändler und Handwerker, 8% städtisches Dienstpersonal, 2% Intelligenz.

---

[1]) Rocznik stat. 1927, S. 78.

[2]) Nation und Staat, August 1928, S. 866.

Die Kassuben, Litauer und Tschechen sind fast ausschließlich Bauern. Über eine etwas umfangreichere Intelligenz verfügen die Litauer und die Russen. Im gesamten ehemals russischen Teilgebiet stellen die Russen unter der orthodoxen weißrussischen und ukrainischen Bevölkerung die Priesterschaft.

Die große Masse der Juden in Polen ist traurigstes städtisches Proletariat. Nach der polnischen Statistik sind von 939 485 Berufsausübenden mosaischen Bekenntnisses:

297 417 = 31,6 % im Bergbau und in der Industrie,
324 613 = 34,5 % im Handel und im Versicherungswesen,
89 987 = 9,4 % in der Landwirtschaft tätig.
67 206 = 7,1 % sind Arbeitslose,
46 121 = 4,9 % sind Hausbedienstete u. ähnl.,
40 520 = 4,2 % stehen im öffentl. Dienst oder üben 2 Berufe aus,
33 419 = 3,5 % sind ohne feste Beschäftigung [1]).

Für Galizien bringt Rosenfeld folgende für 1910 gültige Übersicht, die auch in Hinsicht auf die anderen Nationalitäten interessant ist.

Nationalität	Landwirtsch.	Industrie	Handel	Beruflich-Erwerbstätige	Militär	berufslose Erwerbstätige
	%	%	%	%	%	%
Polen	72,34	11,56	6,15	4,13	1,3	4,69
Ukrainer.....	90,25	3,17	2,27	1,48	6,62	2,21
Deutsche	50,5	22,67	8,76	5,08	0,23	6,76
Juden	19,72	24,57	52,99	5,52	0,43	5,77

Nach Cleinow [2]) sieht das Gesamtbild der sozialen Schichtung in Kongreßpolen für das Jahr 1904 so aus:

In Tausend:

	polnisch	russisch	jüdisch	deutsch
Großgrundbesitz ...	40,0	2,5	1,2	—
Bauern	6238,0	460,5	15,0	300,0
Bürgertum	825,0	90,0	200,0	190,0
Proletarier	1789,8	3,0	1422,0	100,0

Diese Statistik bedarf infolge der politischen Entwicklung einer

[1]) Rosenfeld a. a. O. S. 101 bringt ganz ähnliche Daten für 1910.
[2]) Georg Cleinow, »Die Zukunft Polens«, Bd. 1. Leipzig 1908. S. 128.

nicht unerheblichen Korrektur. So sind vor allen Dingen die 90 000 russische Bürgerliche zu streichen, die, wie Cleinow sagt, »ausschließlich als Staatsbeamte und deren Angehörige zu denken« sind. Auch die große Menge russischer Kleinbauern ist für heute nicht mehr vorstellbar.

Die Deutschen in Galizien und in Kongreßpolen sind zum größten Teil Bauern. In Wolhynien und Cholmer Land und in der Weichselniederung sind sie fast ausschließlich Kleinbauern. Deutschen Großgrundbesitz in bedeutender Anzahl gab es bis zum Einsetzen des polnischen Kampfes um den Boden in den früher preußischen Gebieten. Im ganzen betrug der ländliche deutsche Privatbesitz bis 1919 in Westpreußen 69,6%, in Posen 53,7% des gesamten Landbesitzes in privater Hand [1]). Für 1926 beträgt der landwirtschaftliche Grundbesitz des Deutschtums 4 051 005,32 Morgen = rund 1 Million ha = 28% des gesamten Privatbesitzes, der 3,572 Millionen ha beträgt. Von den 1 Million ha in deutscher Hand sind

543 000 ha Kleinbesitz unter 75 ha in 43 800 Wirtschaften,
90 000 ha Mittelbesitz von 75 bis 250 ha in 740 Wirtschaften,
388 000 ha Großbesitz über 250 ha in ca. 500 Wirtschaften.

Nach Landschaften verteilt, fallen auf Pommerellen rund 0,38 Million ha, den Netzegau 1/4 Million ha, Posen 0,4 Million ha. Rund 270 000 Deutsche wohnen in Landgemeinden und Gutsbezirken und 72 000 Deutsche in den Städten (in Posen und Pommerellen).

In Oberschlesien und im Lodzer Industrierayon gibt es zahlreichere deutsche Industrieunternehmer und auch deutsche Industriearbeiter. Für die Zeit vor dem Kriege ergab sich für Lodz folgendes Bild der Betriebe und ihrer Produktion:

In Händen der Polen	111 Betriebe mit 40 Mill. Jahresproduktion.
,, ,, ,, Juden	585 Betriebe mit 190 Mill. Jahresproduktion.
,, ,, ,, Deutschen	332 Betriebe mit 300 Mill. Jahresproduktion.

Besonders in Oberschlesien ist ja der deutsch-polnische Gegensatz in der soziologischen Schichtung begründet. Bis zur Abtretung war das Kapital der oberschlesischen Industrie rein deutsch. So waren

[1]) Nach Heidelck, »Das Deutschtum in Posen und Pommerellen«, in Deutsche Blätter in Polen IV, 5, S. 244.

vom Kapital der oberschlesischen Aktiengesellschaften 498 784 154 Mark deutsch, 239 500 Mark polnisch [1]).

Die durch das verschiedene historische Schicksal bedingten Kulturunterschiede der einzelnen Teilgebiete bringen natürlich auch ein entsprechend verschiedenes Kulturniveau der dort siedelnden Nationalitäten. Im Schuljahr 1920/21 entfielen nach der polnischen Statistik auf je 1000 Einwohner

in Kongreßpolen	106	Volksschüler,
in den Ostgebieten	35	,,
in Posen/Pommerellen .	191	,,
in Galizien............	141	,,
in Schlesien...........	173	,, [2])

Ein getreues Abbild der sozialen und kulturellen Schichtung der verschiedenen Nationalitäten gibt die Statistische Übersicht über die in Polen erscheinenden Zeitungen und Zeitschriften nach Sprache und Inhalt, wie wir sie in der polnischen Statistischen Vierteljahrsschrift fanden [3]).

Zeitungen:

	poln.	ukr.	weiß-russ.	deutsch	jüdisch	hebräisch	russisch	lit.
Wissenschaftliche ...	56	2	—	1	2	—	—	—
Religiöse..........	82	11	—	23	4	4	7	—
Wirtschaftl., Finanz., Handel	63	2	—	4	3	—	—	—
Allgem., orient., polit., gesellschaftl., literarischen Inhalts ...	458	35	18	42	92	2	7	4
Aufklärung u. Bildg.	76	13	1	2	6	1	1	1
Jugend	118	5	1	5	7	2	—	—
Landwirtschaftl. ...	27	2	—	3	—	—	—	—
Technik u. Industrie.	60	1	—	1	3	—	—	—
Sonstige	21	2	—	5	2	1	—	—

Selbstverständlich muß bei den polnischen Ziffern die staatliche Macht in Rechnung gestellt werden. Ein Kulturniveau, das über dem

[1]) Nach Alexander Rose, Deutsche und Polen in Oberschlesien, Berlin 1919, S. 5.

[2]) Reichszentrale für Heimatdienst Nr. 130 vom Dez. 1926.

[3]) Kwartalnik stat. rok 1928. Tom 5,4. Bei diesen Zahlen muß mit in Betracht gezogen werden die Politik der Vernichtung der nichtpolnischen Presse, die der polnischen eine gewisse Monopolstellung sicherstellt. Des näheren wird darüber weiter unten gesprochen.

Durchschnitt liegt, darf darum nur bei den Deutschen abgelesen werden.

Konfessionelle Struktur der nichtpolnischen Volksgruppen.

Eine Betrachtung der konfessionellen Struktur mag diese Übersicht abschließen:

Die Ukrainer in Galizien gehören zur griechisch-unierten Kirche, die sie als ihre Nationalkirche ansehen. Diese mit der römisch-katholischen Kirche verbundene Richtung hat die slawische Muttersprache, die Bräuche der östlichen Orthodoxie und das alte Priestertum bewahrt, doch die Autorität des Papstes und die römischen Dogmen anerkannt. Die im früheren russischen Teilgebiet wohnenden Ukrainer teilen mit den Weißrussen ihre religiöse Struktur. Der größte Teil von ihnen ist orthodox, ein kleinerer römisch-katholisch.

Die Kassuben sind ausschließlich römisch-katholisch [1]), was während des Kulturkampfes in Preußen eine Annäherung an das Polentum zur Folge hatte. Von den übrigen slawischen Minderheiten sind die Tschechen reformiert oder orthodox, ein Teil ist römisch-katholisch. Die Litauer sind römisch-katholisch, daneben reformiert. Die Russen sind ausnahmslos orthodox.

Die Deutschen bieten auf konfessionellem Gebiet das mannigfachste Bild. Nahezu ein Drittel ist römisch-katholisch (hauptsächlich in Schlesien). Die übrigen sind in verschiedene protestantische Kirchen und Sekten aufgeteilt:

1. Die Protestanten in den ehem. preußischen Gebieten gehören zur uniert-evangelischen Kirche bis auf etwa rund 5000 Altlutheraner.
2. Die deutschen Protestanten im früher russ. Gebiet verteilen sich auf die Evangel.-Augsburgische Kirche und die reformierte Kirche. Der größte Teil gehört zur erstgenannten.
3. Die deutschen Protestanten Galiziens gehören der Evangel. Kirche augsburgischen und helvetischen Bekenntnisses in Kleinpolen an.

Hinzu kommen hauptsächlich noch folgende evangelische Reli-

---

[1]) Lorentz vermerkt in seinem Aufsatz »Die Kassuben« in »Der Ostdeutsche Volksboden« (herausg. von Wilh. Volz, Breslau 1926, S. 246 Anm.): »Die evangelischen Kassuben, die um die Wende des Jahrhunderts noch in geringer Anzahl in den Kirchspielen Großgarde, Schmolsin, Glowitz und Zezenow im Kreis Stolp und in einzelnen Ortschaften im nördl. Teil des Kr. Lauenburg lebten, dürften inzwischen ausgestorben sein.«

gionsgemeinschaften: die Mennoniten (hauptsächlich in Pommerellen), die Baptisten, die Adventisten, die Darbysten, die Pfingstgemeindler, die Ernsten Bibelforscher, die Mormonen, die Neuapostolischen, die Methodisten, die einer besonderen Sekte nahekommende Evangelische Gemeinschaft, die Vettler und noch andere. Im Westen Polens treten diese kleinen deutsch-evangelischen Gemeinschaften nur wenig in Erscheinung — einen um so größeren Raum nehmen sie in dem religiösen Leben der Deutschen im Osten Polens, besonders in Wolhynien, ein [1]).

Die Jagiellonische Idee und ihre wirtschaftlichen Grundlagen.

Wir haben am Eingange dieser Untersuchung davon gesprochen, wie Polen zu seinem Staatsgebiet kam, weiter versuchten wir festzustellen, in welchem Maße dieses Gebiet von Nichtpolen bewohnt wird und welche Struktur soziologischer, kultureller und religiöser Art diese Nichtpolen aufweisen. Bevor wir die polnische Nationalitätenpolitik herauszustellen unternehmen, wird es unsere Aufgabe sein zu klären, warum die Polen einen so energischen Kampf um Gebiete austrugen, auf die sie ethnographisch kein Anrecht haben. Wir haben eine zweifache Antwort:

Einmal ist der polnischen nationalistischen Ideologie ein Polnischer Staat in den Grenzen des heute von Polen besiedelten Raumes unvorstellbar; zum andern lockte der große wirtschaftliche Reichtum der von anderen Völkern bewohnten Nachbargebiete. Wir müssen hier darauf verzichten, eine geschichtliche Darstellung des polnischen Nationalismus zu geben. Es muß genügen, in einzelnen charakteristischen Zügen die Grundtendenz des polnischen Nationalismus herauszustellen.

Obwohl mit den drei Teilungen 1772, 1793 und 1795 die Existenz des Polnischen Staates ihr Ende gefunden hatte, war damit die polnische Frage doch noch keineswegs erledigt. Abgesehen von der Belastung mit dem polnischen Problem, das die drei Teilungsmächte bis zum Weltkriege nicht zur Ruhe kommen ließ, wurde die polnische nationale Tradition durch die größten Schriftsteller und Dichter der Polen gepflegt und ins Bewußtsein des Volkes gebracht. Mickiewicz, der größte polnische Dichter, hat uns durch sein Beispiel gezeigt, wie Poesie und Literatur organische Bestandteile der Politik sein können. Sein Konrad Wallenrod hat das polnische Volk die Handhabung

---

[1]) Vgl. hierzu Staemmler, »Der Protestantismus in Polen«, Posen 1925.

machiavellistischer Waffen im Kampfe um die staatliche Existenz gelehrt. Zu keiner Zeit erstreckte sich die nationale Sehnsucht auf ein ethnographisches Polen. Bis in unsere Tage ist die Wiederherstellung eines Polenstaates vom Baltischen bis zum Schwarzen Meer (Polska od morza do morza), die Verwirklichung der Jagiellonischen Idee, das Ziel der gesamten polnischen Nation bis in die Sozialdemokratie hinein. 1808 schrieb Kołłątaj, der als der scharfsinnigste Kopf unter seinen Landsleuten galt, daß Napoleon, auf den die Polen ihre Hoffnungen setzten, keine halbe Arbeit tun werde. Das Herzogtum Warschau könne nur eine Übergangsform zu dem künftigen mächtigen Polen sein, das sich von der Oder bis an den Dniepr und an die Düna, von der Ostsee bis zu den Karpathen und zum Schwarzen Meer erstrecken und auch Schlesien umfassen soll; Schlesien — wegen der »Lage dieses Landes, die den Weg zum künftigen Bündnis Polens mit Sachsen bedeutet [1])«.

Nachdem der Wiener Kongreß über Polens Schicksal entschieden hatte, schrieb im Juni 1815 Polens greiser Nationalheld Kościuszko resigniert an Czatoryski: »Wir schulden dem Kaiser ewigen Dank, daß er den bereits verlorengegangenen polnischen Namen auferstehen ließ, doch der Name allein bildet keine Nation, nur eine Wiederherstellung des polnischen Reiches bis an Düna und Dniepr könnte ein Gleichgewicht und eine beständige Freundschaft mit Rußland begründen [2])«.

Lelewel, Polens bedeutsamster und einflußreichster Historiker, der als überzeugter Demokrat Ideen der Völkerverbrüderung propagierte und der Polens Verfall mit dem Abweichen von den Grundsätzen der Volksherrschaft identifizierte, hielt trotz alledem an der Idee eines Polens, das von Meer zu Meer reichen müsse, fest. Man müsse die »Emanzipation des Slavenvolkes an die Existenz Polens knüpfen« [3]).

Wie man sieht: Gedankengänge, die noch heute in der polnischen Politik lebendig sind und die deutlich genug in den Versuchen, Polen zum Wortführer der östlichen Nachfolgestaaten, z. B. durch Schaffung eines Agrarblocks, zu machen, zum Ausdruck kommen.

Die demokratische Gesellschaft verkündete denn auch (1836): »Nicht ein Teilchen, nicht ein Bruchteil der großen Nation, vielmehr

---

[1]) Uwagi nad teraźniejszem położeniem tej części ziemi polskiej, którą od pokoju Tylżyskiego zaczęto zwać księstwem Warszawskiem nach W. Feldmann, »Geschichte der polit. Ideen in Polen«. München, Berlin 1917, S. 52.

[2]) Feldmann a. a. O. S. 74.

[3]) Lelewel Orzeł biały 1840 nach Feldmann S. 97 f.

das ganze Polen in seinen vor den Teilungen bestehenden Grenzen ist fähig, sein selbständiges Dasein aufrechtzuerhalten, seine Mission zu erfüllen« [1]).

Unter dem Einfluß des revolutionären Frankreichs und Mazzinis, des Begründers des Nationalitätengedankens, entstand 1835 »Das Junge Polen«, das besonders in Galizien, aber auch im Königreich Polen bedeutenden Einfluß hatte. In seinem Programm stand: »Wenn Österreich in der Furcht vor der Übermacht Rußlands das System der Reform und des Fortschritts aufnimmt, dann wird das befreite Galizien unter der Standarte der Unabhängigkeit Polens und der Volksfreiheit die Massen von den Karpathen bis zur Düna, von der Ostsee bis an den Dniepr aufrütteln und mit dem auferstandenen Vaterland Österreich vor dem Barbarentum des Nordens schützen« [2]).

Karl Libelt, Polens größter Philosoph und Denker, der ebenso wie Lelewel deutschen Blutes ist, formulierte ein neues Nationalprogramm, das den verschiedenen Nationalitäten gerecht werden will: »Unser großes mächtiges Polen, weithin von Meer zu Meer reichend, wie in der Periode der Siegesmunde, wird nicht mehr als ein einheitlicher Staat mit einer Nationalregierung auferstehen, um wie ehemals über Litauen, Ruthenien und Preußen zu herrschen, es wird aber auferstehen als eine Föderation dieser verschiedenstämmigen Länder. Die ganze Zukunft des Slaventums kann nicht anders als nur föderativ sein« [3]).

Im September 1861 ließ der in Warschau versammelte Adel an Graf Zamojski eine Manifestationsadresse gehen, in der es heißt: »Unserem Vaterland stellen wir die Grenzen auf, die ihm Gott zugewiesen und historische Tradition übertragen hat« [4]).

In seinem Manifest an den Zaren Alexander II. fordert seinerseits Graf A. Zamojski als Gegner des panslawistisch eingestellten Grafen Wielopolski 1862 im Namen der Großgrundbesitzer den Anschluß Litauens, Wolhyniens und Podoliens an das Königreich Polen [5]). 1870 trat Fürst Czartoryski für die Jagiellonische Idee ein. Bis zu ihrer Verwirklichung sollen die Polen Galiziens gute Österreicher bleiben [6]).

---

1) Feldmann a. a. O. S. 105.
2) Północ 1835, S. 27 nach Feldmann a. a. O. S. 103.
3) Feldmann a. a. O. S. 155.
4) Feldmann a. a. O. S. 201.
5) Cleinow a. a. O. Bd. II, S. 110.
6) a. a. O. S. 137.

Der 1871 in Lemberg tagende Polenkongreß, bei dem das Polnische Königreich durch Emigranten vertreten war, stellte sein Programm im Sinne der Union von Lublin (1. Juli 1569) auf, womit eine Vereinigung von Polen, Litauen und der Ukraine gemeint war. Der Protest der Ukrainer gegen diese Beschlüsse konnte die Polen von dem Unrecht ihrer Forderungen nicht überzeugen.

Als Antwort auf die Kaiserproklamation vom 5. November 1916 kamen am 28. Mai 1917 die Krakauer Resolutionen zustande, die ganz eindeutig zum Ausdruck bringen, daß die polnischen Reichsrats- und Landtagsmitglieder auf dem Standpunkt eines vereinigten unabhängigen Polens stehen, daß man die Verwirklichung des status quo ante 1772 verlange.

Als die Wiederherstellung des Polnischen Staates seitens der Entente deutlich zu werden begann, haben die Polen ihre Forderungen ja niemals auf ein ethnographisches Polen beschränkt. Nach der polnischen »Denkschrift über das Territorium des Polnischen Staates«, die Ende März 1917 Balfour übergeben wurde, »sollte das am dringendsten geforderte Gebiet des künftigen Polnischen Staates umfassen: 1. das österreichische Polen — Galizien und die Hälfte von Österreich-Schlesien (Teschen); 2. das russische Polen — das Königreich Polen und die Gouvernements: Kowno, Wilna, Grodno, einen Teil vom Gouvernement Minsk und Wolhynien; 3. das deutsche Polen — das historische Posener und Westpreußische Land mit Danzig. Dann Oberschlesien und den Südstreifen von Ostpreußen [1]).«

Dabei wird ausdrücklich über die Ostgebiete gesagt, daß die Polen zwar in der Minderzahl von 35—5 % sind, aber die polnische Kultur und Zivilisation, die dort vorherrschen, fordere diesen Besitz.

Dmowskis Denkschrift an Wilson vom 8. Oktober 1918 hebt besonders hervor, daß die Grenzen Polens geographischen Bedingungen entsprechen müssen, damit seine Unabhängigkeit von den Nachbarn gesichert wird [2]).

Es wird verlangt: Posen, Westpreußen mit Danzig [3]), Ostpreußen

---

[1]) Übersetzt nach Roman Dmowski, »Polityka polska«, Warschau 1925, S. 524.

[2]) Nach Paul Roth a. a. O. S. 133.

[3]) Über Danzig finden sich folgende erstaunliche Auslassungen: »Die amtlichen Ziffern über Danzig stellen diese Stadt als rein deutsche hin. Indessen zeigen private Forschungen auf polnischem Wege, daß fast die Hälfte der Bevölkerung polnisch ist, wenn auch oberflächlich germanisiert.« a. a. O. S. 138.

(aus geographischen, historischen, ethnographischen und wirtschaftlichen Gründen) bis auf die Provinz Königsberg, die mit dem Polnischen Staat auf der Basis der Autonomie vereinigt oder eine kleine unabhängige, durch Zollunion mit Polen vereinigte Republik werden muß, Oberschlesien und drei Kreise von Mittelschlesien, Galizien, Teschen, soweit es von Polen bewohnt wird, das Königreich Polen, der größere Teil des Gvt. Wilna mit Einschluß der Stadt Wilna, das Gvt. Grodno, der größere Teil des Gvt. Minsk mit den Städten Minsk, Sluck, Pinsk, der westliche Teil Wolhyniens bis zum Horyn und die westlichen Teile Podoliens (Ploskirow und Kamenez-Podolsk), der westliche Teil des Gvt. Witebsk (Polnisch-Livland) mit der Stadt Dünaburg und der Ostrand Kurlands (Kreis Illuxt), wofern Kurland und Livland nicht zu Rußland gehören sollten. Das litauische Gebiet (Gvt. Kowno, nördlicher Teil des Gvt. Wilna, nördlicher größerer Teil des Gvt. Suwalki, nordöstl. Streifen Ostpreußens, Südecke Kurlands mit den Häfen Polangen und Libau) ist als besonderes Land zu organisieren und mit Polen auf der Basis der Autonomie zu verbinden. »Litauen würde die Zivilisation von Polen übernehmen, die Fortsetzung seiner Union mit Polen wäre etwas völlig Natürliches und würde keine Gefahr für seine nationale Zukunft bilden. — Die Errichtung eines unabhängigen Litauischen und Ukrainischen Staates würde entweder Anarchie bedeuten oder die Regierung von Fremden, nämlich der Deutschen.«

Wieweit diese Gebiete (soweit sie wirklich polnisch geworden sind) von Polen besiedelt werden, haben wir oben gezeigt. — Ein kurzer Überblick soll uns jetzt die eminente wirtschaftliche Bedeutung vor Augen führen, die diesen nichtpolnischen Gebieten innewohnt.

Wir beginnen mit den früher preußischen Gebieten. Obwohl wir von der Provinz Posen nicht behaupten wollen, daß sie in ihrer Gesamtheit bei der polnischen Übernahme eine überwiegend deutsche Bevölkerung besessen hat, so ziehen wir sie doch mit Pommerellen und Oberschlesien in den Kreis dieser Betrachtung, weil der wirtschaftliche Einfluß und die wirtschaftlichen Leistungen der Deutschen für die Wirtschaftsentwicklung des Landes ausschlaggebend gewesen sind.

1. Oberschlesien.

Die Steinkohlenförderung 1928 betrug in ganz Polen 40 423 000 t. Auf Oberschlesien entfallen davon 30 310 000 t (= ca. 75 %).

Die Eisenhüttenindustrie Polens lieferte 1927

	Roheisen	Gußstahl	Walz-erzeugnisse
i. d. Wojew. Kielce	177 222	436 427	296 003
i. d. Wojew. Krakau	12 258	10 335	—
i. Oberschlesien	440 964	794 878	614 840

Die Zink- und Bleiindustrie brachte 1927 hervor:

	Rohzink	Zinkblech	Rohblei
i. d. Wojew. Kielce	5 674	—	—
i. d. Wojew. Krakau	14 868	2 816	—
i. Oberschlesien	129 833	12 724	28 863

2. Posen und Pommerellen (westliche Wojewodschaften).

Es wurden im Durchschnitt je ha 1928 hervorgebracht [1]):

	Weizen	Roggen	Gerste	Hafer
Ganz Polen	11,7	11,2	12,3	11,7
Zentr. Wojewodschaften ..	13,0	11,4	13,1	12,6
Östl. Wojewodschaften ...	10,3	8,4	8,9	8,1
Südl. Wojewodschaften ..	9,5	10,0	10,4	10,4
Westl. Wojewodsch. ..	17,8	14,8	18,4	17,7

Zuckerrübenanbaufläche und Erträge 1928 [2]).

	Anbaufläche in ha	Anbaufläche in %	Erträge je ha
Posen	84 924	3,77	217,9
Warschau	46 504	1,92	144,6
Pommerellen	21 610	1,97	217,9
Lublin............	20 082	1,04	144,6
Wolhynien	13 590	1,09	148,5
Lodz	12 275	0,88	144,6
Tarnopol	10 653	0,47	148,5
Kielce	8 071	0,51	144,6
Lemberg	8 528	0,54	148,5

Spirituserzeugung in hl reinem Weingeist 1926/27 [3]).

Westgebiete	238 680
Kongreßpolen	173 580
Galizien	143 950
Ostgebiete	22 580
Gesamtpolen.................	578 790

---

[1]) Leo Fall in Dziennik Poznański Nr. 250 (28. X. 1928).

[2]) Es sind hier nur die wichtigsten Wojewodschaften angeführt. Die Zuckerrübenproduktion der übrigen ist ganz unerheblich.

[3]) A. Schubert, »Die Entwicklung der Pos. Landwirtschaft seit 1919 im Rahmen der gesamten Staatswirtschaft«, Posen 1928, S. 53.

DIE WIRTSCHAFTLICHEN KRÄFTE DES VON NICHTPOLNISCHEN VOLKSGRUPPEN BESIEDELTEN TERRITORIUMS
ZEICHENERKLÄRUNG
über 650 kg
450-550 "
350-450 "
250-350 "
unter 250 "
Getreideerträge je Kopf der Bevölkerung
mehr als 30 % der Gesamtfläche
25-30 % Waldbestand
20-25 "
15-20 "
unter 15 %
Grenze zwischen den sogen. Westlichen-, Zentralen-, Südlichen und Östlichen Wojewodschaften.
Spiritus
Zucker
Vieh
Pferde
Schafe
Schweine
Petroleum
Steinkohle
Eisenhütten-Industrie
Zink
Die Grösse der Buchstaben entspricht der Menge. Die Zeichen für Pferde, Schafe, Schweine, Vieh und für Petroleum gelten für die entsprechende Wojewodschaftgruppe.

Tierzucht.

Auf 1000 ha nutzbare Fläche entfielen im Jahr 1921 [1]):

	Schafe	Pferde über 1 Jahr	Bullen über 2 Jahre	Zug-ochsen	Kühe	Schweine über 1 J.
Posen .... Pommerellen	153,8	70	7,0	22,2	81,3	35,3
Kongreßpolen	61,7	60	2,4	8,7	55,5	14,7
Galizien	5,5	45	1,5	6,4	40,0	7,1
Ostgebiete	11,3	19	0,9	0,8	15,6	5,8

Buttergewinnung 1926 in Zentnern [2]).

Posen	74 740
Pommerellen	56 200
Kongreßpolen	22 000
Galizien	17 500
Oberschlesien	9 200

Es wurden geerntet an allen Getreidearten zusammen im Durchschnitt der Jahre 1921/22 bis 1925/26: [3])

	Auf den Kopf der Bevölkerung	insgesamt
Posen	786 kg	1 546 000 t
Pommerellen	658 kg	616 000 t
Lublin..................	549 kg	1 241 000 t
Bialostok	525 kg	686 000 t
Wolhynien	496 kg	714 000 t
Tarnopol	462 kg	661 000 t
Warschau	430 kg	1 310 000 t
Wilna	431 kg	420 000 t
Lodz	410 kg	425 000 t
Nowogrodek	413 kg	340 000 t
Kielce	388 kg	984 000 t
Polesien	307 kg	271 000 t
Lemberg	305 kg	828 000 t
Krakau	280 kg	558 000 t
Stanislau	253 kg	342 000 t
Schlesien	119 kg	124 000 t
Ganz Polen	424 kg	11 566 000 t

---

[1]) Schubert a. a. O. S. 98.

[2]) a. a. O. Anlage 22.

[3]) a. a. O. Anlage 24

Es wird nach diesen Übersichten geglaubt werden, daß nach fachmännischem Urteil [1]) sich Polen ohne Posen und Pommerellen nicht ernähren könnte — ebensowenig, wie sich Deutschland ohne diese Provinzen ernähren kann.

Der Reichtum der Ostgebiete der Polnischen Republik besteht in den riesigen Waldgebieten und den bedeutenden Petroleumquellen

Es sind mit Wald bestanden: [2])

in der Woj.	Stanislau	34,9 %	der gesamten Fläche
,, ,, ,,	Schlesien	33,8 %	,, ,, ,,
,, ,, ,,	Polesien	30,5 %	,, ,, ,,
,, ,, ,,	Wolhynien	29,7 %	,, ,, ,,
,, ,, ,,	Nowogrodek	28,9 %	,, ,, ,,
,, ,, ,,	Wilna	25,9 %	,, ,, ,,
,, ,, ,,	Lemberg	25,7 %	,, ,, ,,
,, ,, ,,	Bialostok	25,2 %	,, ,, ,,
,, ,, ,,	Kielce	24,1 %	,, ,, ,,
,, ,, ,,	Krakau	23,9 %	,, ,, ,,
,, ,, ,,	Pommerellen	22,5 %	,, ,, ,,
,, ,, ,,	Lublin	21,0 %	,, ,, ,,
,, ,, ,,	Posen	18,1 %	,, ,, ,,
,, ,, ,,	Tarnopol	17,4 %	,, ,, ,,
,, ,, ,,	Lodz	13,5 %	,, ,, ,,
,, ,, ,,	Warschau	11,8 %	,, ,, ,,

Demnach liegen sämtliche Wojewodschaften mit mehr als 25 % Waldbestand in Gebieten, die, bis auf Schlesien und Bialostok, eine polnische Minderheit aufweisen. Bei Bialostok ist zu beachten, daß der Bialoweser Urwald völlig auf ukrainischem Siedlungsboden liegt.

Polens Naphthaproduktion [3]) im Jahre 1928 betrug insgesamt 74 300 Zisternen Bruttoproduktion Rohöl. Es entfielen davon auf des Revier

Drohobycz	62 393	Zisternen
Jaslo	7 628	,,
Stanislau	4 279	,,

Demnach fallen 66 672 von den 74 300 Zisternen auf ukrainischen Boden. Nur der Bezirk Jaslo liegt auf polnischem Volksboden.

---

1) Nach einem Vortrag von Dr. agr. Schubert Ostern 1929 in Posen.

2) a. a. O. Anlage 3.

3) Nach der polnischen Zeitung »Baltische Presse« vom 1. 5. 1929.

Wir fassen zusammen: Posens und Pommerellens Bedeutung für die Volkswirtschaft Polens liegt in ihrer hochentwickelten Landwirtschaft und Viehzucht, die Oberschlesiens in den Steinkohlengruben, in der Eisen-, Zink- und Bleiindustrie und in seinem Waldreichtum. Die Bedeutung der weißrussischen und ukrainischen Ostgebiete beruht auf ihren Wald- und Petroleumschätzen. Die 1918 am meisten polnischen Wojewodschaften Warschau, Lodz, Kielce, Lublin und Krakau sind ausgesprochen arm an Bodenschätzen und an Wald. Ihre landwirtschaftliche und Viehproduktion ist verhältnismäßig niedrig. Die Bedeutung der nichtpolnischen Wojewodschaften (bzw. der bis 1918 ihrer Bevölkerung nach nichtpolnischen) für die polnische Volkswirtschaft leuchtet besonders ein, wenn man feststellt, daß die Hauptausfuhrartikel Polens Kohle, Holz, Vieh und landwirtschaftliche Produkte sind und daß Polen sich sogar noch eine geringe Ausfuhr von Petroleum erlauben kann.

Nach der polnischen Statistik (Rocznik stat. 1927, S. 232) waren im J. 1926 Hauptausfuhrartikel:

1.	landwirtschaftliche Produkte mit	494 043 000	Goldzloty
2.	Holz u. Holzfabrikate mit	207 541 000	,,
3.	Kolonialwaren u. a. Lebensmittel	3 981 000	,,
4.	Rohstoffe u. Halbfabrikate der Bergwerksindustrie	416 830 000	,,
	(darunter Kohle, Koks, Briketts	255 543 000	,,)
5.	andere Rohstoffe u. Halbfabrikate	21 242 000	,,
6.	Industrieartikel	162 035 000	,,
7.	Gold, Silber u. ähnl.	368 000	,,

Der Petroleumaußenhandel wies 1926 ein Aktivum von 22 142 000 Zloty auf.

Das Interesse Polens an den fremdnationalen Gebieten im Westen und im Osten scheint mir demnach psychologisch und materiell verständlich zu sein. Psychologisch, indem sich zeigte, daß es für den Polen eine ganz fremde Denkvorstellung ist, einen auf seine ethnographischen Grenzen beschränkten Staat als Erfüllung seiner nationalen Sehnsucht zu erhalten, materiell, indem wir die gewaltigen Wirtschaftskräfte grade dieser Gebiete darlegten [1]).

[1]) Darzustellen, wie diese wirtschaftlichen Tatsachen dem polnischen Nationalismus von jeher, wenn vielleicht auch nur instinktiv, Richtung und Ziel gegeben haben, müssen wir uns versagen, obwohl uns scheint, daß das Gesicht des polnischen Nationalismus damit ganz neue und wahrscheinlich höchst interessante Züge bekäme.

Was den Westen anlangt, so trieb den Polen darüber hinaus — und gewiß nicht zuletzt —, daß das Posener Land die Wiege des historischen Polnischen Staates ist und daß Pommerellen ihm den Weg zum Meere frei machte. Vielleicht gehen wir auch nicht fehl, wenn wir von den drei geopolitischen Wachstumsspitzen Pommerellen, Wilnagebiet und Ostgalizien glauben möchten, daß sie als solche mit imperialistischen Hintergedanken von vornherein erkämpft worden sind. Die Umklammerungsabsichten Ostpreußens und Litauens durch den Korridorarm auf der einen Seite und den auf die Rigaer Bucht zustrebenden Wilnakeil auf der anderen sind allzu einleuchtend, weil sie mit Dmowskis Forderungen in seiner obenerwähnten Denkschrift so auffallend übereinstimmen.

Nach alledem konnte auch kaum ein Zweifel herrschen, welche Nationalitätenpolitik Polen treiben will. In Ostgalizien hat es seine Unduldsamkeit den Ukrainern gegenüber stets unverhüllt bewiesen. In Dmowskis Denkschrift heißt es, daß Polen gleichzeitig ein demokratischer und nationaler polnischer Staat sein müsse [1]). Damit sind im Grunde Polens wahre Absichten klar herausgestellt. Besitz eines Staatsgebietes, dessen Grenzen über die realisierten im Osten, Norden und Westen hinausgehen — und ein Polnischer nationaler Staat! Wir glauben nicht, daß die Polen über den Anteil ihrer Bevölkerung in diesen Gebieten im unklaren waren — aber sie trauten ihrem Volke wohl genug Kraft zu, diese mehr als ein Drittel Nichtpolen zu verdrängen oder zu polonisieren, um aus diesem Riesengebiete einen polnischen Nationalstaat zu machen. Haben die Polen ihre Kräfte nicht überschätzt? Wie versuchen sie zu ihrem Ziel zu kommen? Davon wird nun zu sprechen sein.

Polens Kampf gegen seine nichtpolnischen Volksgruppen.

In einem Sendschreiben an Herrn Schulze-Delitzsch »Die Polnische Frage im Lichte der Sozialwissenschaft [2])« führte der Pariser polnische Emigrant Koszutzki aus, sofern eine Nationalität nicht imstande sei, staatliche Selbständigkeit zu erlangen, müsse sie sich wenigstens bemühen, die Requisiten der staatlichen Existenz zu erhalten und zu entwickeln. Als solche nennt er vor allem: 1. die polnische Sprache, 2. hinreichenden Grundbesitz in polnischen Händen, 3. zuverlässige Organisation der polnischen Bevölkerung.

---

1) Roth a. a. O. S. 150. 2) Paris 1862 im Selbstverlag, besonders S. 31 ff.

Damit hatte Koszutzki seinem Volk allerdings die Wege gezeigt, die begangen werden müssen, um das polnische Volk ohne staatliches Eigenleben zu erhalten und für die Funktionen eines Staatsvolkes fähig zu machen, wenn die Stunde der Freiheit käme. Er hat damit aber auch ausgesprochen, was einer Nationalität ohne staatliche Selbständigkeit genommen werden müsse, um sie auszulöschen. Die polnische Nationalitätenpolitik ist ein zäher Kampf gegen diese Requisiten der Staatlichkeit bei allen Nichtpolen, um im Sinne der Nationaldemokratie einen demokratischen Polnischen Nationalstaat aus diesem Nationalitätenstaat zu schaffen. Es wird zunächst zu zeigen sein, wie Polens Kampf gegen diese Requisiten der Staatlichkeit aussieht und welche Erfolge er bis heute aufweist, um dann noch auf die polnische Pressepolitik und Kirchenpolitik als Werkzeuge der Nationalitätenpolitik einzugehen.

Der Kampf gegen die Sprache.

Um Polens Vorgehen gegen die nichtpolnischen Volksgruppen in seiner Bedeutung richtig verstehen zu können, müssen wir uns klar werden, welche Verpflichtungen und Versprechungen staatlicher oder internationaler Art Polen vor oder während der Übernahme dieser von Andersnationalen besetzten Gebiete gegeben hatte.

Es wurde bereits daran erinnert, daß sich im Oktober 1918 in Ostgalizien eine ukrainische Nationalrepublik gebildet hatte und daß Polen im März 1923 die Souveränität über dieses Land vom Botschafterrat zugestanden bekam. Zwischen diese beiden Daten fällt Polens so energischer Kampf um dieses Ostgalizien, dessen in diesem Zusammenhange wichtigste Phasen erwähnt sein mögen.

Nachdem sich Polen in Ostgalizien militärisch durchgesetzt hatte, wird ihm durch Beschluß des Obersten Rates vom 25. Juni 1919 das Mandat über Ostgalizien übertragen. Jedoch heißt es ausdrücklich: »Cette autorisation ne préjuge en rien la décision que le Conseil Suprême prendra ultérieurement pour régler le statut politique de la Galicie«. Ein anderer Beschluß des Obersten Rates vom gleichen Tage ermächtigt Polen »in Ostgalizien eine Zivilverwaltung einzurichten, aber unter weitgehender territorialer Autonomie und mit dem Vorbehalt einer späteren Entscheidung der Bevölkerung über ihre staatliche Zugehörigkeit durch Plebiszit [1]«.

---

[1]) Roth a. a. O. S. 99.

Im Friedensvertrag von Saint-Germain (10. Sept. 1919) wird Ostgalizien mit den früheren österreichischen Gebietsteilen, die Polen de facto bereits im Besitz hatte, durch Art. 91 unter die Souveränität der Ententemächte gestellt. Nach einem Vertragsentwurf vom Dezember 1919 soll Polen für 25 Jahre das Mandat über Ostgalizien erhalten[1]). Der Völkerbundsrat hat die Kontrolle der Ausübung des Mandats in Händen. Polnische und ukrainische Sprache sollen gleichberechtigt sein, ebenso der griechisch-unierte Ritus neben dem römisch-katholischen. Ostgalizien wird ein eigener Landtag zugebilligt mit Bestimmungsbefugnissen über Kultur und öffentlichen Unterricht sowie Steuern. Die Beamtenschaft und das Militär sind aus der Bevölkerung zu bilden. Mit Unterstützung Clémenceaus wird die Entscheidung über diese Frage aufgeschoben.

In dem Vertrag von Spa vom 10. Juli 1920 »erklärt sich die polnische Regierung bereit, ... die Entscheidung des Obersten Rates in der Frage der Zukunft Ostgaliziens ... anzunehmen[2])«.

Der Vertrag von Sèvres vom 10. August 1920, der Polens Souveränität über Westgalizien (außer dem Teschener Schlesien die Zips und das Arvagebiet, nicht aber über Ostgalizien) ausspricht, wird von dem polnischen Vertreter Askanazy nicht unterzeichnet.

Der Beschluß des Völkerbundsrates vom 23. Febr. 1921 stellt fest: »Les décrets du Traité de Paix au sujet des minoritées nationales en Pologne ne peuvent être appliqués à la Galicie, car elle est hors des frontières de la Pologne ... La Pologne n'est »de facto« que l'occupente militaire de la Galicie dont les Puissances de l'Entente sont le Souvérain[3])«. Im Frieden von Riga vom 18. März 1921 verzichtet die Sowjetunion auf den Besitz Ostgaliziens, ohne daß gesagt wird, zu wessen Gunsten. Polen zuerkennt im Art. 7 des Vertrages den Ukrainern und Weißrussen freie Entwicklung der Kultur und der Sprache. Am 26. Sept. 1922 wird vom polnischen Sejm ein Gesetz über eine gewisse territoriale Autonomie der drei ostgalizischen Wojewodschaften beschlossen. Die Selbstverwaltung kommt zum Ausdruck in Wojewodschaftslandtagen und Wojewodschaftsausschüssen. Die Landtage zerfallen in zwei Kammern, eine ukrainische und eine der übrigen Bevölkerung (also der Polen, Juden und Deut-

---

1) Kozicki: Sprawa granic Polski na konferencji pokojowej w Paryżu 1919 r, Warschau 1921, S. 95 ff., vgl. auch Roth a. a. O. S. 101.

2) Roth a. a. O. S. 155; poln. bei Kutrzeba: Polskie prawo polityczne wedlug traktatów S. 165 f.

3) a. a. O. S. 162.

schen). Jede Kammer hat in eigenen Angelegenheiten Beschlußfähigkeit und das Recht, der Bevölkerung ihres Wahlkreises Steuern aufzuerlegen. Die wichtigsten Zuständigkeitsgebiete der Landtage sind Schul-, Kirchen- und Agrarfragen, mit Ausnahme des Hochschulwesens und der Agrarreform. Die Errichtung einer ukrainischen Universität hat innerhalb von 2 Jahren zu erfolgen [1]). Der Beschluß des Botschafterrates vom 15. März 1923 endlich, der Polen die Souveränität auch über Ostgalizien zugesteht, hebt in seiner Präambel ausdrücklich hervor, »qu'il est reconnu par la Pologne qu'en ce qui concerne la partie Orientale de la Galicie les conditions éthnographiques nécessitent un régime d'autonomie«.

Polens Rechtsverpflichtungen gegenüber dem ukrainischen Ostgalizien scheinen uns somit eindeutig festzustehen. Wie wurden diese Rechtsverpflichtungen verwirklicht?

Zunächst wurden alle Gemeinde- und Bezirksvertretungen aufgelöst. An ihre Stelle traten Regierungskommissare mit Beiräten. Ebenso wurde die Selbstverwaltung in den Kommunen aufgehoben. Die ukrainische Intelligenz wird in Internierungslagern (Dombie, Lancut, Stralkowo) festgesetzt. Nach ukrainischen Angaben sind es einige 20 000 gewesen, von denen ein großer Teil umgekommen ist. Einem größeren Teil ist es geglückt, sich mit der über den Sbrutsch gehenden ukrainischen Armee nach der Großukraine in Sicherheit zu bringen [2]). Zu einer Verwirklichung der Wojewodschaftslandtage und Ausschüsse im Sinne des Gesetzes vom 20. Sept. 1922 ist es niemals gekommen. Charakteristisch für den guten Willen der Polen ist die Behandlung der Frage der u k r a i n i s c h e n U n i v e r s i t ä t, die, wie wir oben zeigten, bis zum 26. Sept. 1924 hätte gegründet werden müssen. Als die Polen 1918 Lemberg besetzten, wurden sofort alle ukrainischen

---

[1]) a. a. O. S. 103.

[2]) Über die Terrorpolitik der Polen in der ersten Zeit unterrichtet die Veröffentlichung der Regierung der Westukrainischen Volksrepublik, die im Dezember 1919 unter dem Titel »Das Buch der blutigen Greueltaten« erschien. In diesem Buch werden 86 Fälle von Ermordungen ukrainischer Patrioten seitens der Polen aufgezählt. 66 Fälle von Mißhandlungen werden angeführt, 35mal wird von Plünderungen und Requisitionen gesprochen. An einer Reihe von Beispielen wird die Verfolgung der ukrainischen Kirche, die Vernichtung der ukrainischen nationalen Kultur und Volkswirtschaft dargetan. Dann wird von der polnischen Kolonisation Ostgaliziens, von dem polnischen Treueid, zu dem die ukrainischen Beamten gezwungen wurden, ohne daß die Friedenskonferenz über das Schicksal Ostgaliziens schon eine Entscheidung gefällt hatte, und von der polnischen Lügenpropaganda gehandelt.

Lehrstühle und Dozenturen beseitigt und der Zutritt zur Universität für die Studenten von der früheren Zugehörigkeit zur polnischen Armee abhängig gemacht und damit den Ukrainern automatisch verwehrt.

Im Winter 1920/21 halfen sich die Ukrainer selbst durch Gründung einer geheimen ukrainischen Universität, nachdem die Vorlesungen in den inzwischen gegründeten privaten Universitätskursen untersagt worden waren. Schon 1922 griff die Polizei ein. Der damalige Rektor, Professor Schtschurat, kam für einige Monate ins Gefängnis. Trotzdem arbeitete die Universität mit 44 Lehrstühlen und 1260 Hörern weiter. 1922/23 waren es 65 Lehrstühle. Verhaftungen von Professoren und Studenten fanden indessen weiter statt. Schließlich wurden sämtliche ukrainische Studentenorganisationen aufgelöst. Ein Memorandum des Senats der Universität an den Obersten Rat und an den Völkerbund blieb ohne Erfolg. Die Terrorakte und Repressalien von seiten der Polen wurden so groß, daß Ende 1924 die Universität geschlossen werden mußte. Stanislaw Grabski, den wir noch als Vernichter des Schulwesens der Fremdnationalitäten in Polen kennenlernen werden, schlug als Kultusminister 1925 die Gründung eines ukrainischen Instituts in Krakau unter Mitwirkung polnischer Gelehrter vor. Krakau liegt weitab von der ukrainischen Erde. Man wollte ein Institut schaffen, das den ukrainisch-akademischen Nachwuchs auffängt und polonisiert. Begreiflicherweise verzichteten die Ukrainer. Die Vorlesungen in ukrainischer Sprache an der theologischen Fakultät der Lemberger Universität, die dort seit dem XVIII. Jahrh. üblich waren, wurden ebenfalls aufgehoben. Die Geistlichen der Unierten Griechischen Kirche, die die Ukrainer als ihre eigentliche Volkskirche ansehen, erfahren seitdem ihre Ausbildung in privaten Priesterseminaren. Erst im Oktober 1929 wurde eine private ukrainische Priesterakademie eröffnet.

Die Entwicklung des Volksschulwesens in Ostgalizien zeigt sich in folgenden Zahlen:

1912 gab es	in Ostgalizien	1898	öffentl.	ukrain.	Volksschulen,
1922 „	„	1388	„	„	„
1926 „	„	917	„	„	„
Mitte 1927	„	855	„	„	„
Mitte 1928	„	700	„	„	„

Mitte 1929 gab es in Gesamtpolen 651 öffentliche ukrainische Volksschulen [1]).

---

[1]) Nation und Staat, Juli 1929, S. 695.

Polnische Volksschulen in Galizien gab es dagegen am 1. 1. 26 2347 und dann noch 1726 Schulen mit polnischer und ukrainischer Unterrichtssprache. Und das, wo die polnische Bevölkerung mit noch nicht 35%, die ukrainische mit mehr als 50% an der Gesamtbevölkerung beteiligt ist. Dabei sind aber die zweisprachigen Schulen durchaus als polnische zu verstehen, da nach der Verfügung des Unterrichtsministers vom 28. Juli 1925 die Schüler zweisprachiger Schulen im ersten Schuljahr Lesen und Schreiben nur in polnischer Sprache zu lernen haben. Erst im 2. Schuljahr wird auch die ukrainische Sprache gelehrt. Als Unterrichtssprache darf die ukrainische Sprache im Handarbeiten, im Turnen und Zeichnen angewandt werden. Hinzu kommt, daß die Mehrzahl der Lehrer Polen sind, die die ukrainische Sprache gar nicht beherrschen. Dafür sind über 600 Lehrer ukrainischer Nationalität in polnische Gebiete versetzt worden, wo es keine Ukrainer gibt, so daß unter insgesamt 11 950 Lehrern, die an den Volksschulen des Lemberger Schulkuratoriums (Wojewodschaften Lemberg, Tarnopol, Stanislau) tätig sind, sich nur 2 889 Lehrer ukrainischer Nationalität befinden. Polen hat also nach dem Spruch der Entente, die Ostgalizien den Polen zuerkannte, seine Autonomieverpflichtungen vergessen. Darüber hinaus widerspricht diese Behandlung der Ukrainer dem Minderheitenschutzvertrag vom 28. Juni 1919 (vor allem Art. 8 und 9) [1]) und dem Art. 109 und 110 der Polnischen Verfassung vom 17. März 1921 sowie dem schon oben erwähnten Art. 7 des Rigaer Vertrages.

Die entsprechenden Artikel 109 und 110 der Polnischen Verfassung haben in der wörtlichen Übersetzung folgenden Wortlaut: »Jeder Bürger hat das Recht, seine Nationalität zu bewahren und seine Sprache und nationalen Eigentümlichkeiten zu pflegen. Besondere staatliche Gesetze sichern den Minderheiten im Polnischen Staate die volle freie Entwicklung ihrer nationalen Eigentümlichkeiten mit Hilfe von autonomen Minderheitenverbänden öffentlich-rechtlichen Charakters im Umfange der Verbände der allgemeinen Selbstverwaltung. Der Staat wird hinsichtlich ihrer Tätigkeit das Recht der Kontrolle und der Ergänzung ihrer finanziellen Mittel im Falle der Bedürftigkeit haben«. 110: »Die polnischen Bürger, die zu nationalen, konfessionellen oder sprachlichen Minderheiten gehören, haben in gleicher Weise wie die anderen Bürger das Recht zur Gründung, Beaufsichtigung und Verwaltung von Wohltätigkeits-, religiösen und sozialen Anstalten, Schulen und anderen Erziehungsanstalten auf

[1]) Herbert Kraus: Das Recht der Minderheiten. Berlin 1927, S. 69 f.

ihre eigenen Kosten sowie zum freien Gebrauch ihrer Sprache und zur freien Religionsausübung in dieser [1])«.

Die Möglichkeit, trotz allen diesen Rechtssätzen das ukrainische öffentliche Volksschulwesen in Ostgalizien nahezu zu vernichten, boten diese im Art. 109 Abs. 2 erwähnten »besonderen staatlichen Gesetze«, von denen das wichtigste und für alle östlichen Fremdnationen tödlichste der damalige Kultusminister Stanislaw Grabski am 31. Juli 1924 erließ [2]). Art. 1: Im Bereich der Wojewodschaften Lemberg, Stanislau, Tarnopol, Wolhynien, Polesien, Nowogrodek, Wilna und der Kreise Grodno und Wolkowysk, der Wojewodschaft Bialostok gelten bei Organisierung des staatlichen Schulwesens folgende Grundsätze: Art. 2: Grundsätzlicher Typus der staatlichen Schule in den in Art. 1 genannten Gebieten — im Sinne des Grundsatzes der Erziehung der Bevölkerung der gemischtsprachlichen Gebiete zur Verträglichkeit und zum friedlichen Zusammenleben, aber nicht zur Absonderung voneinander — ist die gemeinsame Schule (szkota wspólna), die die Kinder polnischen und nichtpolnischen Volkstums zu guten Staatsbürgern erzieht bei gegenseitiger Achtung ihrer nationalen Eigenart. Art. 3: In den staatlichen Volksschulen von Gemeinden, die 25% ruthenischer, weißrussischer oder litauischer Bevölkerung besitzen, wird auf amtlich bestätigtes Verlangen der Eltern von 40 zu einem Schulbezirk gehörigen ruthenischen, weißrussischen oder litauischen Kindern der Unterricht in deren Muttersprache gewährleistet. Falls in dem betreffenden Schulbezirk nicht 40 schulpflichtige Kinder vorhanden sind, deren Eltern die Erteilung des Unterrichts in ihrer ruthenischen, weißrussischen oder litauischen Muttersprache verlangt haben, so ist die Unterrichtssprache die Staatssprache; falls in dem betreffenden Schulbezirk neben den (40) Kindern, deren Eltern für ihre Kinder den Unterricht in der ruthenischen bzw. weißrussischen Unterrichtssprache verlangen, noch mindestens 20 Kinder vorhanden sind, deren Eltern den Unterricht in der Staatssprache verlangen, so ist der Unterricht zweisprachig, und zwar ist dann die Hälfte der Stunden für den Unterricht in der ruthenischen bzw. weißrussischen Sprache bestimmt. Im Art. 4 wird festgesetzt: »In ein-, zwei-, dreiklassigen Volksschulen, Privat- und Staatsschulen mit nichtpolnischer Unterrichtssprache« muß in polnischer Sprache unterrichtet werden die Staatssprache, polnische Geschichte und die Dis-

[1]) Rühlmann, Das Schulrecht der deutschen Minderheiten in Europa, 1926.

[2]) Rühlmann, a. a. O. S. 292 ff.

ziplinen über das jetzige Polen. Art. 5 setzt fest, daß zu gründende Lehrerseminare in den Ostwojewodschaften zweisprachig zu sein haben. Art. 6 gibt 150 Eltern weißrussischer oder ukrainischer Schüler die Möglichkeit, eine zweisprachige Mittelschule (Gymnasium) zu fordern.

Eine Verordnung vom 7. 1. 1925 brachte über die Durchführung des oben erwähnten Gesetzes unter anderem folgende Bestimmungen [1]: § 4: In obengenannten Gebieten dürfen außer den Schulen, deren Unterrichtssprache die Staatssprache ist, nur noch als öffentliche Volksschulen solche mit ruthenischer, weißrussischer oder litauischer Unterrichtssprache oder zweisprachige Schulen (polnisch-ruthenisch und polnisch-weißrussisch) bestehen. § 5: Der Prozentsatz der ruthenischen, litauischen oder weißrussischen Bevölkerung, der die Eltern berechtigt, für die Kinder den Unterricht in der Muttersprache zu verlangen, wird auf Grund der Ergebnisse der letzten allgemeinen Volkszählung bestimmt. § 8: Die amtliche Bestätigung für die eigenhändige Unterschrift auf der Erklärung (sc. Forderung der Muttersprache als Unterrichtssprache seitens des Vaters bzw. der Mutter) kann von Notaren, Gerichten, Gemeindeverwaltungen oder Starosteien vorgenommen werden. Der Schulinspektor untersucht, ob die Bedingungen für die Gültigkeit der Erklärung vorliegen. Insbesondere: 1. ob die Gemeinde, in welcher sich die Schule befindet, nach dem Ergebnis der letzten allgemeinen Volkszählung 25 % der Bevölkerung derjenigen Nationalität besitzt, in deren Muttersprache der Antragsteller sein Kind unterrichten lassen will. § 14: Die im Augenblick des Inkrafttretens des Gesetzes bestehenden öffentlichen Volksschulen, welche den Bestimmungen des Gesetzes und dem § 4 dieser Verordnung noch nicht entsprechen, werden stufenweise nach diesen Bestimmungen umgeformt. § 15: Der Kurator entscheidet über den Zusammenschluß beständiger öffentlicher Volksschulen, in denen ausschließlich ruthenisch oder weißrussisch unterrichtet wird, zu einer zweisprachigen Schule.

Diese Verordnungen stehen zum Teil in direktem Widerspruch zu dem obenerwähnten Minderheitenschutzvertrag und den zitierten Artikeln der polnischen Verfassung. Insbesondere widerspricht: 1. in dem Schulplebiszitgesetz vom 31. Juli 1924 der Art. 2, der als Grundtyp der Volksschulen der nationalen Minderheiten die zweisprachige Schule einführt, dem Art. 9 des Minderheitenschutzvertrages, der den

[1] Rühlmann, a. a. O. S. 294.

Kindern fremdsprachiger polnischer Staatsangehöriger in den niederen Schulen Unterricht in ihrer eigenen Sprache gewährleistet.

2. Ebenso unberechtigt ist Art. 3 des Gesetzes und der § 5 und § 8 der Verordnung vom 7. 1. 1925, der zur Errichtung einer ukrainischen staatlichen Volksschule verlangt, daß laut Volkszählung vom 30. Sept. 1921 der Anteil der Ukrainer wenigstens 25 % beträgt. Wir haben am Eingang dieser Untersuchung gezeigt, wie diese Volkszählung zuungunsten der Fremdnationen gefälscht worden ist. Darüber hinaus trifft diese Einschränkung nicht die Polen. So ist es möglich, daß die Ukrainer in Lemberg, wo sie etwa 45 000 Seelen ausmachen, aber nur 20 % der Gesamtbevölkerung, kein Recht auf eine einzige ukrainische Volksschule haben.

3. In gleicher Weise widerspricht den Garantien der Gleichberechtigung der letzte Teil des Art. 3, der zur Errichtung einer Schule 40 ukrainischen Kindern 20 polnische gleichsetzt.

4. Desgleichen: Die Schulforderungen der ukrainischen Eltern müssen amtlich beglaubigt sein und werden auf die Richtigkeit der Unterschrift hin überprüft, während dies von den polnischen Eltern nicht verlangt wird. (§ 8 Verordnung v. 7. 1. 1925.)

5. Die Ukrainer in der Wojewodschaft Lublin und Krakau sind von vornherein (s. Art. 1 Abs. 3 des Ges. v. 31. 7. 24) ausgeschaltet. Sie haben nicht einmal Anrecht auf Errichtung utraquistischer Schulen[1]).

6. Durch § 4 und § 14 der Verordnung v. 7. 1. 25 haben die Juden, Deutschen, Tschechen und Russen, die in den eingangs genannten Wojewodschaften und Kreisen wohnen, kein Anrecht auf öffentliche Schulen mit jiddischer oder hebräischer bzw. deutscher bzw. russischer bzw. tschechischer Unterrichtssprache oder auf entsprechende zweisprachige Schulen.

Die furchtbare Auswirkung dieses Gesetzes auf die Ukrainer in Ostgalizien ist bereits oben dargestellt worden. In Wolhynien gab es

1923:	676	polnische Volksschulen,
	421	ukrainische ,,
	40	tschechische ,,
	16	deutsche ,,
	6	russische ,,
1926 hingegen	708	polnische,
	381	utraquistische,
	18	tschechische,

[1]) Ukrainische Fachschulen wurden niemals geduldet.

17 polnisch-tschechische,
8 polnisch-deutsche
keine reinukrainische Schule [1]).

Für 1928 finde ich folgende Ziffern [2]):

unter insgesamt 1144 Volksschulen sind
750 polnisch,
390 utraquistisch,
4 ukrainisch.

Demnach gibt es keine tschechischen Schulen mehr. Unter den utraquistischen Schulen haben wir hier wohl polnisch-ukrainische, polnisch-tschechische und polnisch-deutsche zu verstehen.

In der Lubliner Wojewodschaft gab es bereits 1926 keine ukrainische Schule, in Polesien lediglich 3 zweisprachige.

Die Weißrussen besaßen 1918 etwa 350 weißrussische Schulen, die ihnen die Deutschen während der Okkupationszeit eingerichtet hatten.

Schon 1919 lösten die polnischen Militärbehörden alle diese Schulen auf und internierten die Lehrer. In der Wojewodschaft Wilna richtete man dann wieder 186 weißrussische Volksschulen ein, löste jedoch ein Jahr später 1925 schon 150 auf. Anfang 1930 existierten insgesamt nur 25 weißrussische Elementarschulen (neben 2164 polnischen in denselben Wojewodschaften!) und 44 utraquistische Schulen. Die Lehrer an diesen und den wenigen weißrussischen Schulen sind vorwiegend landfremde Nationalpolen. Dabei fehlte es nicht an weißrussischen Lehrern. 680 von ihnen sind beschäftigungslos, weil sie keine Unterrichtserlaubnis erhalten [3]). Dabei wurden in den Jahren 1922—25 den Schulinspektoren 412 Gesuche um Eröffnung weißrussischer Schulen unterbreitet. Nicht ein Gesuch wurde berücksichtigt [4]).

Über die Schulen der übrigen Nationalitäten läßt sich kurz berichten. Öffentliche Schulen mit jiddischer oder hebräischer Unterrichtssprache gibt es in ganz Polen keine einzige. Desgleichen steht den Deutschen in Wolhynien keine einzige deutsche öffentliche Schule zur Verfügung. In Ostgalizien gibt es in Jozefów eine

---

[1]) Nation und Staat. Januar 1928, S. 359.

[2]) Sejmabg. Celewitsch in »Die Ukraine unter Fremdherrschaft«, Bln. 1928, S. 30.

[3]) Die weißrussischen Angaben nach Natio I Nr. 2, S. 54 ff.; außerdem: Nation u. Staat, März 1930, S. 408.

[4]) Deutsche Rundschau in Polen v. 9. X. 1926.

deutsche öffentliche Schule. Sie ist in Ostgalizien die einzige [1]). 1925/26 waren es noch 16 [2]). Ebenso gibt es keine tschechischen und russischen Schulen, lediglich entsprechende utraquistische, deren Zahl nicht festgestellt werden konnte.

Öffentliche litauische Volksschulen gab es 1927 7; 1924 gab es deren noch 44. Das höhere öffentliche Schulwesen in diesen östlichen Wojewodschaften zeigt ein entsprechendes Bild.

Nur in Ostgalizien gibt es 6 öffentliche Gymnasien mit ukrainischer Vortragssprache, die sich aus der österreichischen Zeit gehalten haben. Für Geschichte und Geographie muß indessen Polnisch als Unterrichtssprache verwandt werden. Diese Gymnasien haben schwer um ihre Existenz zu kämpfen. Die polnische Regierung versucht immer wieder, sie in utraquistische umzuwandeln oder ganz aufzuheben. In Przemysl und Lemberg hat man in den letzten Jahren einmal bereits einige ukrainische Klassen gestrichen.

Lehrerseminare und Fachschulen mit ukrainischer Unterrichtssprache gibt es nicht. Über das Schicksal der ukrainischen Universität wurde gesprochen. Auch die Zahl der ukrainischen Inspektoren im Volksschulwesen wie im Mittelschulwesen geht von Jahr zu Jahr zurück. Damit sind die ukrainischen Lehrer der Willkür ihrer Vorgesetzten preisgegeben.

Weißrussische, deutsche, litauische, russische und tschechische öffentliche Gymnasien und Lehrerseminare sind in diesen Wojewodschaften nicht vorhanden.

Die Polen haben bis jetzt gründliche Arbeit geleistet, um das nichtpolnische Kind durch Erziehung in polnischen Schulen oder durch polnische Lehrer zu entnationalisieren und zu polonisieren.

Die so stark in ihrem völkischen Bestand bedrohten östlichen Nationalitäten versuchen durch ein verhältnismäßig weitverzweigtes Privatschulwesen der Gefahr der Polonisierung ihrer Kinder entgegenzuarbeiten.

Die Ukrainische Pädagogische Gesellschaft Ridna Schkola (Heimatschule) wurde 1926 vom Polnischen Staate anerkannt. Mitte 1928 wurden von diesem Verein 17 Privatgymnasien, 9 Lehrerseminare, 4 Fachschulen, 4 Handwerkerschulen und 31 Volksschulen unterhalten [3]).

---

[1]) Deutsche Post aus dem Osten IV 2, S. 43.

[2]) Natio I 5, S. 96.

[3]) Nach Celewitsch a. a. O. S. 34. In Nation und Staat, Juli 1929, wird für das Schuljahr 1927/28 von 9 Handwerkerschulen gesprochen.

Unter dem Drucke der polnischen Terrorpolitik breitet sich der Verein immer mehr aus. Nach dem letzten Jahresbericht vom Juni 1929 [1]) verfügte der Verein am 30. April 1929 über 486 Zweigvereine mit 27 000 Mitgliedern. Am 31. September 1928 waren es 393 Zweigvereine mit 23 520 Mitgliedern, 1926 327 Zweigvereine mit 20 520 Mitgliedern. Die Finanzierung erfolgt durch freiwillige Spenden. Sie wuchsen mit dem Verein, wie aus folgender Übersicht deutlich wird. An außerordentlichen Spenden liefen ein:

im September	des	Schuljahres	1927/28	7 000,37	Zl.
im ,,	,,	,,	1928/29	12 429,18	Zl.
im Oktober	,,	,,	1927/28	8 336,45	Zl.
im ,,	,,	,,	1928/29	23 048,74	Zl.
im November	,,	,,	1927/28	10 238,49	Zl.
im ,,	,,	,,	1928/29	15 383,44	Zl.

Im Vereinsjahr 1927/28 flossen insgesamt in die Kasse des Hauptvorstandes 231 489,05 Zl. an Spenden ein — in der Zeit vom 1. Okt. 1928 bis zum 30. April 1929 waren es 235 418,35 Zl. Außer den Spenden, die z. T. von den Ukrainern in Amerika (insbesondere Kanada) stammen, sind im Vereinsjahr 1927/28 rund 190 000 Zl. an Vereinsbeiträgen eingegangen. Wenn diese Summen auch verhältnismäßig niedrig sind, so muß man sie doch bei der Armut der ukrainischen Bevölkerung als große Leistung ansehen, zumal sich der Staat die Steuern im vollen Maße zahlen läßt. Von einer staatlichen Unterstützung dieses privaten Schulwesens ist natürlich nicht zu reden. Dem Ziele seiner Politik entsprechend sucht der Polnische Staat vielmehr nach Vorwänden, um auch dieses Privatschulwesen zu vernichten. So wurde im Schuljahre 1925/26 die Eröffnung von ukrainischen Privatschulen unter anderem in Kolomea, Czertkov, Poswiesch, Petschenyschin und Myschin untersagt. Auf Grund einer österreichischen Verordnung aus dem Jahre 1833 wurde zeitweise die freiwillige Sammeltätigkeit für ukrainische Schulzwecke verboten [2]). So konnten zeitweise solche Sammler als Staatsverbrecher verfolgt werden. Im Kreise Sokal hat man, wie Korostowetz berichtet [3]), die gesammelten Gelder in Höhe von 40 000 Mark konfisziert und die Spender für einige Wochen ins Gefängnis gesetzt.

Ein plastisches Bild der Bedrängungen, die solch ein Lehrer einer

---

[1]) Nation und Staat, Juli 1929, S. 695.

[2]) Natio I 2, S. 38.

[3]) Polnische Auferstehung, Berlin 1929, S. 77.

Privatschule auf sich nehmen muß, gibt ein Brief eines weißrussischen Lehrers und Inhabers einer Privatschule, der anläßlich einer Interpellation des Weißrussischen Sejmklubs im Februar 1926 verlesen wurde. Es heißt darin [1]: »Wißt Ihr, meine Brüder, daß wir täglich darauf warten, um unserer weißrussischen Privatschule willen ins Gefängnis geworfen, geschlagen und gequält zu werden [2]), um der Schule willen, die von unseren eigenen Mitteln erhalten wird?..... Weshalb gibt man uns so lange keine Erlaubnis? Weshalb beantwortet man unsere Bitten um diese Erlaubnis überhaupt nicht?... Ins Gefängnis werden wir nicht allein gehen, sondern mit uns das Evangelium Christi und die in der Polnischen Konstitution als heilig verbrieften Artikel.... Gehen wir also ins Gefängnis! Denn unter solchem Drucke, wie wir ihn hier im westlichen Weißrußland fühlen, können wir weder kulturelle noch moralisch-religiöse oder ethische Arbeit loyal leisten. Denn alles ohne Ausnahme wird uns für Kommunismus angerechnet, und unter diesem Deckmantel verfolgt man uns, obgleich zwischen unserer Arbeit und dem Kommunismus derselbe Unterschied besteht wie zwischen Himmel und Erde. Tanzt man nicht nach der Pfeife irgendeines Beamten, so treibt man eben Kommunismus. Glaubt Ihr, meine Brüder, daß wir so gepeinigt und unterdrückt sind, daß die Hand beim Schreiben zittert und unsere Herzen weinen?... Darum seid wach, meine Brüder, drängt da oben mit Euren Bitten. Geht überall hin, spart keine Zeit aufs Schreiben. Klopfet immer fester, klopfet mit den Fäusten, und wenn das nicht hilft, mit den Füßen... Schreit, auf daß Euch die ganze Welt höre, daß unsere Nation und unser Volk verschwinden, daß man sie in den Abgrund der Finsternis und des Analphabetismus stürzt.« Die Not der schon erwähnten 680 weißrussischen Lehrer, die nicht die Erlaubnis zum Unterricht erhalten, bekommt hier Blut und Farbe.

Die Schwierigkeiten, denen das weißrussische Privatschulwesen ausgesetzt ist, sind noch größer als die, welche wir bereits bei den Ukrainern kennengelernt haben. Weil das Nationalbewußtsein der Weißrussen noch nicht so entwickelt ist wie bei den anderen Nationalitäten, glauben die Polen, mit ganz groben Mitteln die Polonisierung der Weißrussen erreichen zu können. Hinzukommt, daß das

[1]) Abgedruckt in dem Aufsatz von H. v. Wedel: »Die weißrussische Frage in Polen« in »Preußische Jahrbücher« August 1929, Bd. 217 Heft 2, S. 210. Die dort gemachte Angabe von 300 385 weißrussischen Schulen beruht wohl auf einem Druckfehler. Es dürfte wohl 385 heißen.

[2]) Vgl. S. 120 und Fußnote S. 121.

Analphabetentum unter den Weißrussen bedeutend verbreiteter ist als unter den Ukrainern, was die Ausbreitung von Privatschulen naturgemäß erschwert. Während unter den griechischen Katholiken, die ja nur in Ostgalizien siedeln, sich 44,2% Analphabeten am 30. 9. 21 befanden, waren es unter den Orthodoxen, die sich, wie wir bereits feststellten, auf die Weißrussen und die im früheren russischen Teilgebiet Polens wohnenden Ukrainer verteilen, 59,1%[1]. Um die Jahreswende 1927/28 bestand eine einzige weißrussische private Volksschule in Rudawka (Bez. Slominsk). Die Gründung weiterer Volksschulen wird von der behördlichen Unterrichtserlaubnis abhängig gemacht, die unter nichtigen Vorwänden verweigert wird. Versuche, Geheimunterricht zu erteilen, werden bestraft. So wurde 1926 die weißrussische Lehrerin Maria Bielowus zu 20 Zl. Geldstrafe verurteilt, nachdem sie 7 Monate in Untersuchungshaft gesessen hatte[2]. Die Weißrussen unterhalten 3 private Gymnasien, und zwar in Wilna, Nowogrodek und Klitzk. Ein Gymnasium, das in Radoschkowitschi bestanden hatte, wurde von den Behörden 1928 aufgelöst. Hier wie überall in Polen wird durch unmotivierte und unbegründete Entziehung der Unterrichtserlaubnis die Vernichtung der Privatschulen angestrebt. In Wilna wurde 1927 5 Lehrern die Erlaubnis für den Unterricht ohne Begründung versagt.

Das litauische Privatschulwesen wird von drei einzelnen Organisationen getragen: vom Schulverein Rytas und St. Kasimir mit dem Sitz in Wilna und vom Schulverein Rytas mit dem Sitz in Swiencany. Auch hier treffen wir wieder die bekannten Methoden an. Im Schuljahr 1925/26 wurde 62 litauischen Lehrern der Unterricht untersagt. Im Schuljahr 1926/27 wurde 32 Schulen die für jedes Jahr wieder neu einzufordernde Konzession nicht erteilt. Gleichzeitig mit der Aufhebung litauischer Schulen wurden selbst dort, wo nur 5—6 polnische Kinder waren, polnische Schulen eingerichtet[3]. Versuche litauischer Lehrer, privat zu unterrichten, werden mit Ausweisungen aus dem polnischen Staatsgebiet beantwortet. Um die Zahl der litauischen Lehrer auf jede mögliche Weise zu verringern, wird ihnen die polnische Staatszugehörigkeit abgesprochen oder das notwendige Leumundszeugnis versagt. Der Erfolg dieser Politik ist, daß sich 1924 noch 17 litauische Lehrer im polnischen Staatsdienst befanden, im J. 1927 nur 7.

---

1) Rocznik: Stat. 1927, S. 112.
2) Natio I 2, S. 54 ff.
3) Natio I 3/4, S. 104.

Die Privatschulen werden mit Hilfe amerikanischer Mittel unterhalten. Ende 1927 waren es 2 Gymnasien, ein Lehrerseminar und 100 Volksschulen. Ein litauisches Mädchengymnasium und eine zweiklassige Schule in Wilna wurden 1926 von den Behörden liquidiert. Den Absolventen des Lehrerseminars wird die Unterrichtserlaubnis nicht erteilt. Alle diese privaten Anstalten wurden im Schuljahr 1927/28 von rund 40 000 litauischen Kindern besucht. Die Unterhaltung dieser Schulen kostet 50 000 Zl. monatlich [1]).

Die Deutschen in den hier behandelten östlichen Wojewodschaften Polens sind, was ihr Privatschulwesen anlangt, ganz verschieden organisiert. In dem früher russischen Teil außer Kongreßpolen beschränkt sich ihr Schulwesen auf die sog. Kantoratsschulen. Die Kinder werden meist nur in den Wintermonaten auf die Konfirmation vorbereitet, d. h. sie lernen Kirchenlieder und den Katechismus und daneben etwas Lesen, Schreiben und Rechnen. Analphabeten sind eben nicht gerade selten. Im September 1929 hat die polnische Schulbehörde in Cholm den deutschen Kantoren die Erteilung deutschen Leseunterrichts verboten. Damit wird der evangelische Religions- und Konfirmationsunterricht natürlich unmöglich, da die Religionsbücher in gotischen Buchstaben gedruckt sind, die sie in den polnischen Schulen nicht lesen lernen.

In Galizien haben wir zwischen deutsch-evangelischen und deutsch-katholischen Privatvolksschulen zu unterscheiden. Deutsch-evangelische Volksschulen gab es zu Beginn des J. 1929 86. Davon sind 82 besetzt, 4 ohne Lehrer. An den 82 Schulen wirken 110 Lehrkräfte. 1923/24 wurden die deutsch-evangelischen Volksschulen von 4802 evangelischen und 611 nichtevangelischen, zusammen also von 5413 Kindern besucht,

1926/27 von 2279 evangelischen, insgesamt von 2427 Kindern,
1927/28 „ 2489 „ „ „ 2661 „ .

691 deutsch-evangelische Kinder besuchten im Frühjahre 1928 polnische Schulen, und zwar hauptsächlich im Westen Kleinpolens, wo deutsche Schulen fehlen [2]).

Wesentlich schlimmer steht es um die deutsch-katholischen Kinder. Die deutsch-katholischen Volksschulen Galiziens stützen sich auf den Verband der deutschen Katholiken. In der Wojewodschaft Stanislau umfaßte er 1927 18 Ortsgruppen mit 801 Mitgliedern, in der

[1]) Natio I 3/4, S. 100 ff.

[2]) Nach »Deutsche Post aus dem Osten« IV 2, S. 43.

Wojewodschaft Lemberg 9 Ortsgruppen mit 308 Mitgliedern. Im ganzen wurden 1927 in 7 Gemeinden von 8 Lehrkräften 232 deutsch-katholische Kinder in privaten deutsch-katholischen Volksschulen unterrichtet. In 20 weiteren Gemeinden erhielten 982 deutsch-katholische Schulkinder 1—18 Stunden wöchentlichen Unterricht im Deutschen. In 4 Gemeinden wird überhaupt nicht deutsch unterrichtet [1]). Sehr traurig stehen dabei die Verhältnisse in Westgalizien. Hier greift die Polonisierung von Generation zu Generation weiter um sich. Wie wir uns im Herbst 1926 in den Kolonien bei Bochnia (Gavel/Majkowize) und im Frühjahr 1927 in Neusanderz und Umgebung überzeugten, ist bei Kindern deutscher und auch noch deutsch sprechender Eltern in den zwischen Bochnia und Neusanderz zerstreuten deutschen Kolonien die Beherrschung der deutschen Sprache nur noch selten anzutreffen.

Private deutsche Gymnasien in Galizien gibt es je eines in Stanislau und in Lemberg. Wobei jedoch bemerkt werden muß, daß in diesen »deutschen« Gymnasien nur die Schüler deutsch sind. In Lemberg sowie in Stanislau sind die Mehrzahl der Lehrer Polen. Die Unterrichtssprache ist überwiegend polnisch. In Dornfeld bei Lemberg befindet sich eine deutsche Volkshochschule.

Wir hätten hier noch von dem jüdischen privaten Schulwesen in den durch die lex Grabski betroffenen Wojewodschaften zu sprechen. Indessen tun wir das besser im Zusammenhang des gesamten privaten jüdischen Schulwesens. Den jüdischen Schulen ist in Art. X des Minderheitenschutzvertrages eine besondere internationale Garantie gegeben. Es heißt dort [2]): »Örtliche Schulausschüsse, die von den jüdischen Gemeinden eingesetzt werden, sollen unter der allgemeinen Aufsicht des Staates die Verteilung des verhältnismäßigen Anteils, der den jüdischen Schulen gemäß Art. 9 zusteht, sowie die Einrichtung und Leitung dieser Schulen sicherstellen. Die Bestimmungen des Art. 9 über den Gebrauch der Sprache in den Schulen finden auf diese Schulen Anwendung«.

Wie schon gesagt wurde, gibt es keine öffentlichen Schulen in Polen mit jiddischer oder hebräischer Unterrichtssprache. In den östlichen Gebieten (Bialostok, Wilna, Pinsk) hat der Staat jüdische Schulen mit polnischer Unterrichtssprache eingerichtet, jedoch mit

---

[1]) a. a. O. II 6, S. 135.
[2]) Kraus, a. a. O. S. 70.

deutlichen Polonisierungsabsichten. Diese Schulen werden nur von Kindern ganz armer jüdischer Arbeiter besucht. Von den jüdischen Organisationen werden diese Schulen abgelehnt und heftig bekämpft. Desgleichen gibt es ein Regierungsseminar für jüdische Religionslehrer mit polnischer Unterrichtssprache. Die Juden verfügen über mehrere Organisationen, denen die Sorge über das Privatschulwesen obliegt. Die zentrale jüdische Schulorganisation (Cicho) unterhielt 1929 108 Elementarschulen, 46 Kinderheime, 6 Gymnasien, 1 Seminar und 32 Abendschulen mit jiddischer Unterrichtssprache. Die Zahl der Zöglinge beläuft sich auf fast 25 000.

Das Gesamtbudget des letzten Vereinsjahres belief sich auf ca. 3 Millionen 800 000 Zl. Aus staatlichen und kommunalen Mitteln kamen 360 000 Zl. ein. Ein Drittel wurde durch die Schulgelder und Spenden der Eltern gedeckt, 10 000 Zl. brachten die jüdischen Gemeinden auf, 20 % deckten Beiträge aus dem Ausland. — Die hebräische Schulorganisation Tarbut unterhielt am 1. 1. 29:

Schultypus	Zahl der Anstalten	Klassen	Lehrer	Schüler
Kindergärten	75	84	83	2 083
Grundschulen	165	677	801	20 992
Gymnasien	18	121	216	4 714
Lehrerseminare	5	15	49	693
Pädagogische Kurse	2	3	4	214
Abendkurse für Erwachsene	196	501	204	19 226
	461	1401	1367	47 922

Das Budget für die Schulen ohne Abendkurse betrug im letzten Jahr 5 Millionen 731 556 Zl. Davon kamen an Schulgeld 2 Millionen 691 426 Zl. ein, durch Sammlungen ca. 1 200 000 Zl. Das Defizit wurde teils durch die amerikanische Organisation Joint gedeckt, teils dadurch wettgemacht, daß man den Lehrern ihre sich auf 200—350 Zl. belaufenden Hungerlöhne nur für 11, 10 oder gar nur 9 Monate auszahlte. Der Staat gibt keinen Pfennig. Auf die letztlich für 1 Jahr angebotenen 16 000 Zl. als Staatsunterstützung wurde verzichtet. Zu erwähnen sind noch die Organisationen Jaune und Taschkemoni. Sie stehen unter dem Einflusse der religiösen Zionisten Mizrachi und verfügen über 115 religiöse Elementarschulen. Die Zahl ihrer Zöglinge beträgt etwa 10 000. Eine Anzahl von jüdisch-orthodoxen religiösen Schulen werden von der Agudat Israel unterhalten. Die Zahl der diese Schulen besuchenden Kinder wird auf 40 000 geschätzt [1]). Insgesamt gehen nach jüdischer Schätzung von 350 000 schulpflichtigen jüdischen Kindern

27 000 in hebräische Schulen,
23 000 in jüdische Schulen,
50 000 in die religiösen Cheder u. ähnl. Schulen
3 600 in die Braudeschen Gymnasien [2]),

nahezu 250 000 jüdische Kinder gehen also in Schulen mit polnischer Unterrichtssprache.

Die Absichten der polnischen Schulpolitik kommen deutlich in der verschiedenen Behandlung dieser jüdischen Privatschulen zum Vorschein. Den jüdischen Mittelschulen mit hebräischer und jüdischer Unterrichtssprache werden die größten Schwierigkeiten bereitet, so z. B. werden ihre Abschlußzeugnisse nicht anerkannt. Hingegen erfreuen sich die jüdischen Schulen mit polnischer Unterrichtssprache eines gewissen Wohlwollens von seiten der polnischen Behörden, das in der Anerkennung der Reifezeugnisse zum Ausdruck kommt. Diese 21 sog. Braudeschen Gymnasien, die sich des Wohlwollens der Behörden erfreuen, bestehen nur in Mittelpolen, besonders in Lodz. Bis auf 8 Stunden Hebräisch wird der Gesamtunterricht in polnischer Sprache erteilt.

Um den Kampf der Polen gegen die Schulen der Fremdnationalitäten abzuschließen, bleibt noch über das Schulwesen der Deutschen im früheren Kongreßpolen und in den früher preußischen Gebietsteilen zu sprechen.

Es wird hier wie in den übrigen Teilen des politischen Kampfes der Polen gegen die Nationalitäten, von einer Darstellung der oberschlesischen Verhältnisse abgesehen werden. Durch das Deutsch-Polnische Abkommen über Oberschlesien vom 15. Mai 1922, das auf den Botschafterbeschluß vom 20. Oktober 1921 zurückzuführen ist und als Grundlage den Minderheitenschutzvertrag hat, besitzt dieses Land in der Person des Präsidenten der Gemischten Kommission für Oberschlesien eine internationale Beschwerdestelle erster Instanz. Durch das Berufungsrecht an den Völkerbundsrat und durch dessen Ver-

---

[1]) In letzter Zeit ist eine Organisation Schulkult entstanden, die sich die Gründung von Schulen mit doppelter, nämlich hebräisch-jiddischer Unterrichtssprache zum Ziel gesetzt hat.

[2]) So genannt nach ihrem Leiter Dr. Braude.

pflichtung, über die Berufung zu entscheiden, ist Oberschlesien in den Bereich des internationalen Interesses und auch aus dem Bereich der völligen Willkür der polnischen Nationalitätenpolitik gerückt. Die Darstellung der oberschlesischen Verhältnisse würde somit aus dem Rahmen dieser Untersuchung fallen. Ihre Sonderstellung verlangte eine sehr sorgfältige und ausführliche Behandlung, die die Übersicht und Einheitlichkeit dieser Ausführungen stören würde.

Zunächst sei noch einmal daran erinnert, daß die Deutschen Kongreßpolens (mit denen Wolhyniens und Galiziens) von der Garantie des Art. 9 des Minderheitenschutzvertrages ausgeschlossen sind. In Kongreßpolen gab es Anfang 1919 550 deutsche Schulen, von denen 450 dem während der deutschen Okkupationszeit gegründeten deutsch-evangelischen Landesschulverband angeschlossen waren. Etwas später wurde ein deutsch-katholischer Landesschulverband gegründet, dem 12 Schulen angehörten. Die in den Landesschulverbänden zusammengeschlossenen Schulgemeinden standen im Genusse einer ziemlich weitgehenden kulturellen und wirtschaftlichen Selbstverwaltung; sie unterstanden der Oberaufsicht des Polnischen Staates, von dem sie entsprechende Zuschüsse erhielten. Bereits am 3. 1. 1919 wurde auf der Hauptversammlung des deutsch-evangelischen Landesschulverbandes die Übernahme dieser deutschen Schulen durch den Staat erörtert. Am 3. 3. 1919 wurden die Landesschulverbände durch den Beschluß des Ministerrates aufgelöst und die deutschen Schulen verstaatlicht. Damit hatte die Selbstverwaltung der deutschen Schulen natürlich ihr Ende gefunden. Nach Art. 3 [1]) dieses Beschlusses wird das Schulvermögen enteignet und den politischen Gemeinden zugesprochen. Doch gestattet Art. 29 den deutschen Schulen das Nutznießungsrecht. Diese deutschen Schulen sollen bestehen bleiben, »wenn dies die Mehrheit der rechtlichen Vertreter der die Schule besuchenden Kinder wünschen wird« (Art. 15). Wichtig ist noch Art. 22: »Wenn eine sprachliche Minderheit in der Schule mindestens 40 Kinder beträgt, so wird für diese Minderheit eine besondere Schule eröffnet werden«. Es erfolgte eine allgemeine Auflösung deutscher Schulen. Einmal wurden die deutschen Eltern über den Sinn des Art. 15 nicht aufgeklart, so daß sie die Abgabe der Deklaration vergaßen, zum andern wurde von den übereifrigen Schulbehörden die Zahl 40 aus dem Art. 22 in den Art. 15 übertragen, so daß von den

[1]) Wir zitieren nach Sejmabg. Julian Will in »Deutsche Blätter in Polen«, VI 3, S. 106 ff. März 1929.

Eltern von mindestens 40 deutschen Kindern die Abgabe dieser Deklaration gefordert wurde, wenn die Schule deutsch bleiben sollte. Hinzu kommt, daß viele deutsche Lehrer in der Hoffnung auf bessere Besoldung von sich aus zum Staatsdienst übergingen, was dann sehr häufig ihre Versetzung in polnische Schulen und damit die Verwaisung bzw. Polonisierung der deutschen Schule zur Folge hatte, da es an deutschen Lehrern fehlte. Den entscheidenden Stoß gab dem deutschen Schulwesen Kongreßpolens dann das Schulgesetz vom 17. Februar 1922 über die Errichtung des Schulnetzes. Bis dahin war es allgemeiner Brauch, daß mehrere politische Gemeinden in einer Schulgemeinde zusammengefaßt waren. Durch dieses Gesetz wurden diese Schulgemeinden kurzerhand zerschlagen, so daß in vielen deutschen Schulen die Zahl der Schulkinder unter 40 sank, womit die Auflösung oder Polonisierung der Schule möglich gemacht wurde. Es sei hier erwähnt, daß sich das Oberste Verwaltungsgericht in Warschau im Sommer 1925 auf den Standpunkt des Art. 15 des Beschlusses des Ministerrates gestellt hat, indem es zwei deutschen Schulgemeinden (Jeziorki und Oborki im Kr. Rypin) das Recht zu ihren deutschen Schulen zuerkannte, da sie vorschriftsmäßig laut Art. 15 ihre Deklarationen in der dort geforderten Mehrheit abgegeben hatten. Die Folgen dieser Gesetzgebung und falschen Gesetzeshandhabung (andere Gemeinden hatten nicht, wie die obengenannten, den Mut und die Kraft, den ganzen Instanzenweg zu durchlaufen) sind, daß es von den 550 deutschen Schulen im Jahre 1919 am 1. Dez. 1925 nur noch 121 gab. Nach einem im Jahre 1928 erschienenen Verzeichnis für die Lodzer Wojewodschaft gab es im betreffenden Jahre nur noch 105 deutsche und gemischtsprachige Schulen [1]). Diese Ziffer ist jedoch nahezu wertlos, da unter den gemischtsprachigen sich solche befinden, in denen teilweise Deutsch lediglich als Unterrichtsfach in wenigen Wochenstunden gelehrt wird. Nach einer Rede des deutschen Senators Spickermann gab es im März 1929 nur noch 83 Schulen in Kongreßpolen mit deutscher Unterrichtssprache [2]). — Staatliche deutsche Mittelschulen sind in Kongreßpolen überhaupt nicht vorhanden. Das staatliche Lehrerseminar mit deutscher Unterrichtssprache in Lodz wird seit September 1919 von einem Polen geleitet. Einige Fächer werden bereits in polnischer Sprache unterrichtet. Indessen ist die Abwärts-

---

[1]) Deutsche Blätter i. P. VI, 3, S. 115.
[2]) Posener Tageblatt vom 13. 3. 1929.

bewegung des deutschen Schulwesens in Mittelpolen noch nicht zum Stillstand gekommen. Das beliebteste Mittel ist die (wenn auch nur scheinbare) Polonisierung der deutschen Lehrer. Ein Brief eines deutschen Lehrers mag die Methoden deutlich machen [1]). »Gestern bekam ich (die anderen schon früher) einen neuen »Okólnik« (Rundschreiben). Bis zum 15. d. Mts. (innerhalb 3 Tagen) soll jeder, um das Dekret Ustalenja (sc. Anstellungsdekret) zu erhalten, u. a. erklären: »Oświadczam niniejszem, że jestem narodowości ...« (sc. ich erkläre hiermit, daß ich ... Nationalität bin). Eine ähnliche Erklärung gaben wir vor 3 Jahren ab. Nun soll sie wiederholt werden. Der Zweck ist klar: vielleicht fallen jetzt auch die letzten vier von ihrem Volkstum ab, denn damals blieben unserer 4 übrig. Alle anderen erklärten sich als zum polnischen Volkstum gehörig. Soeben schreibt mir N. N.; er klagt zum Gotterbarmen und will meine Ansicht hören. Falls ich ihm bis zum 15. d. Mts. nicht antwortete, will er sich auch als Pole erklären, da er den schweren Druck der Verhältnisse nicht mehr länger ertragen könne. Ist das nicht zum Verzagen? Was denken sich die Herren da oben denn eigentlich? Glauben sie wirklich, daß sie sich durch solche Methoden Freunde erwerben? Viele von denen, die sich vor drei Jahren von ihrem Volkstum nicht trennen wollten, werden es heute tun, äußerlich tun (man kann es ihnen auch nicht verargen, denn jeder zittert für seine Zukunft), aber im Herzen bleiben sie doch deutsch. Daran wird kein Okólnik etwas ändern, dafür bleibt lebenslang ein Wurm zurück, der so bald nicht gesättigt werden kann. ... Leben wir nicht in einem freien Lande? Warum wird man da auf Schritt und Tritt gefragt: welchem Volkstum gehörst Du an? Fällt die Antwort im polnischen Sinne aus, so kannst Du tun oder nicht tun, was Dir gefällt — alles wird Dir verziehen! Solltest Du aber die »Frechheit« haben, zu erklären: Ich bleibe meinem Volkstum treu! Dann hüte Dich ... Sei der beste Bürger, arbeite Dir die Hände ab. Mühe Dich, so sehr Du willst, — Nichts wird in Betracht gezogen ... Zum Verzagen ...! Ich weiß nun auch nicht, was ich tun soll. Vielleicht bleibe ich allein dem Deutschtum treu ... Und dann folgt, wenn auch nicht Entlassung, so doch sicher Versetzung«.

Am erbittertsten und zähesten wurde indessen das deutsche Schulwesen in Posen und Pommerellen bekämpft. Die deutschen Volksschulen wurden durch eine ähnliche Verordnung betroffen,

[1]) Deutsche Blätter in Polen, März 1929, S. 110.

wie wir sie bereits für Kongreßpolen kennengelernt haben. In der Verfügung über Schul-, insbesondere Sprachunterricht vom 10. März 1920 heißt es unter Ziffer 4 [1]: »Befinden sich in einer Gemeinde mindestens 40 Kinder im schulpflichtigen Alter, deren dort ansässige Eltern deutschsprechende Angehörige des polnischen Staates sind, so wird für deren Kinder eine besondere Schule überlassen bzw. eingerichtet oder für sie eine Klasse mit deutscher Unterrichtssprache auf öffentliche Kosten eröffnet. Die Einrichtung hört nur dann auf, wenn in 2 nacheinanderfolgenden Jahren die Zahl der deutschen Schulkinder ständig zurückgehen sollte«. Durch Zerreißung der Schulgemeinden wurde dafür gesorgt, daß die Zahl der deutschen Kinder recht häufig unter 40 sank. Als besonders gefährlich für das Schulwesen der Deutschen hat sich noch das Rundschreiben des Kultusministeriums von 31. 8. 1926 erwiesen, das Bestimmungen über die Zusammenfassung mehrerer Schulen an einem Ort zwecks Höherorganisierung enthält [2]. Mit keinem Wort nämlich wird das Minderheitenschulwesen berücksichtigt, dafür aber ausdrücklich unter Ziffer XI bemerkt, daß mehr als eine Volksschule nur in denjenigen Ortschaften bestehen kann, in denen die Zahl der Kinder so groß ist, daß alle Schulen zum höchsten siebenklassigen Schultyp organisiert werden können. Es heißt dann wörtlich: »Die hin und wieder in den Städten . . . entgegen den verpflichtenden Vorschriften . . . neben den siebenklassigen Volksschulen bestehenden Volksschulen eines niedrigeren Organisationsgrades (z. B. 4-klassigen) müssen als abgesonderte Schuleinheiten verschwinden. Diese können als Parallelabteilungen einer vollen 7-klassigen Schule angesehen werden und unter gemeinsamer Leitung dieser Schule bleiben«.

Die Fälle, die unten aufgezählt sind, wo zwecks Höherorganisierung die deutsche Schule verschwand, beweisen, daß diese Bestimmung als Kampfgesetz gegen die noch bestehenden Schulen der Minderheiten geschaffen worden ist.

Bereits im Schuljahr 1925/26 gingen in Posen und Pommerellen von insgesamt 42 993 deutschen Kindern 14 369 = 33,4 % in polnische Schulen. Ein Jahr vorher waren es erst 29,8 %. Die Entwicklung der Schulverhältnisse in Posen und Pommerellen wird am deutlichsten aus folgender Übersicht:

---

[1]) Rühlmann a. a. O. S. 353 f.

[2]) Dziennik Urzedowy Min. Wyznan Relig. i. Osw. Publ. Nr. 13 v. 1. X. 26.

Beschulung der deutschen Kinder in Posen und Pommerellen[1]).

	Gesamtzahl der deutschen Kinder	davon gehen in deutsche öffentliche Schulen	in deutsche private Volksschulen	in polnische Schulen mit dtsch. Sprachunterricht	in polnische Schulen ohne dtsch. Sprachunterricht	in poln. Sch. gehen in %
1925/26	42 993	27 339	1 176	14 360	109	33,4%
1926/27	39 011	22 365	2 370	5 329	8 947	36,6%
1927/28	37 381	20 304	2 901	4 091	10 085	38,0%
1928/29	35 762	17 831	3 016	3 392	11 523	41.8%
1929/30	35 119	16 088	3 208	4 370	11 455	45,2%

Wie wir schon sagten, betrug der Prozentsatz der deutschen Kinder für 1924/25, die in polnische Schulen gehen, 29,8 %. 1929/30 waren es bereits 45,2 %. Geradezu furchtbar ist die Vermehrung der Zahl der deutschen Kinder, die nicht einmal deutschen Sprachunterricht genießen. 1925/26 sind es 109, 1929/30 11 455. Das heißt, daß der Prozentsatz dieser Kinder von 0,25 % auf 23,2, also um das 128-fache gestiegen ist. Besonders eifrig wird die Vernichtung des deutschen Schulwesens oder deutlicher gesagt die Polonisierung des deutschen Kindes in Pommerellen angestrebt. Folgende Zusammenstellung mag das deutlich machen.

Prozentsatz der deutschen Kinder, die in polnische Schulen gehen.

Landschaften

	Posen	Netzegau	Pommerellen
1925/26	31,4	13,4	53
1926/27	36,1	18,1	53,5
1927/28	36,4	20,4	54,6
1928/29	36,9	23,9	62,5
1925/26	39,1	28,3	66,7

Natürlich darf nicht gedacht werden, daß mit diesen furchtbaren Ziffern, deren Stichtag immer der 1. Dezember ist, die Polonisierung weiterer deutscher Schulen aufgehört hat. In die Praxis mögen einige Beispiele aus der letzten Zeit einführen.

Die deutsche Schule in Neusarben, Krs. Czarnikau, besuchten zu Beginn des Schuljahres 1928/29 insgesamt 47 Kinder. Davon aus Neusarben selbst 28, aus Sarben 15, aus Brisen 4. Die Kinder aus

[1]) Deutsche Rundschau i. Polen 3. 7. 30.

Sarben und Brisen werden veranlaßt, in die polnische Schule in Sarben zu gehen. Da jetzt die deutsche Schule in Neusarben zu schwach ist, (unter 40 Kinder), wird sie aufgehoben. Die 2-Jahrfrist wird meistens nicht innegehalten. Die 28 deutschen Kinder aus Neusarben müssen in die polnische Schule in Neusarben gehen [1]).

In Drausnitz, Kr. Tuchel, gab es bis September 1928 noch 58 Kinder in der deutschen Klasse. Am 1. Sept. sind diese 58 deutschen Kinder mit den polnischen Kindern zu einer dreiklassigen Schule mit polnischer Unterrichtssprache zusammengelegt worden, nachdem bereits im Vorjahre zwecks Höherorganisierung die deutsche Schule in Drausnitz unter die administrative Leitung des polnischen Lehrers Wölk gegeben wurde, der ohne zweite Prüfung und ohne feste Anstellung ist, während der deutsche Lehrer Kowalski 33 ununterbrochene Dienstjahre hinter sich hat [2]). In Schönsee (Kr. Briesen) wurden die 6 deutschen Schulanfänger zu Beginn des Schuljahres 1928/29 der polnischen Klasse überwiesen. Die deutsche Klasse ist jetzt nur noch 34 Kopf stark. Sie wird durch den polnischen Lehrer schriftlich beschäftigt, nachdem die deutsche Lehrkraft zum 1. 9. 28 entlassen wurde [3]). Ritschersheim, Kr. Wongrowitz, hat eine evangelische Sammelschule mit zusammen 54 Kindern aus Gruntowitz, Ritschersheim, Dornbrunn und Elsenau. Diese Schule wird aufgehoben. Die 27 Kinder aus Gruntowitz, Ritschersheim und Elsenau werden mit der katholischen Schule in Mionza zu einem zweiklassigen System mit polnischer Unterrichtssprache verbunden. Unter Zuhilfenahme der 27 deutschen Kinder aus Dornbrunn wird in Dornbrunn eine Schule mit polnischer Unterrichtssprache eröffnet. Der deutsche Lehrer in Ritschersheim mit 38 Dienstjahren wird dem polnischen Lehrer in Mionza, der noch kein zweites Examen hat, unterstellt [4]).

Dem Kind des deutschen Besitzers Friedrich Maletzki in Groß-Potzelenk (Kr. Soldau) wird der Besuch der deutschen Schule am Ort auf ausdrücklichen Befehl des Kreisschulinspektors verwehrt. Bei einer Rücksprache mit dem zuständigen Kreisschulinspektor wird der Bescheid gegeben, daß das Kind in die polnische Schule zu gehen habe oder daß man es dazu zwingen wird. Der Vater schickt sein Kind täglich

---

1) Deutsche Rundschau in Polen v. 25. Okt. 1928.
2) a. a. O. vom 18. Oktober 1928.
3) Dtsch. R. 21. Sept. 1928.
4) a. a. O. Jg. 54 Nr. 213.

unter Zeugen zur deutschen Schule, und täglich wird das Kind von dem deutschen Lehrer auf Befehl des Kreisschulinspektors nach Hause geschickt, ohne daß es am Unterricht teilgenommen hätte [1]). Ähnliche Fälle aus der letzten Zeit sind bekannt geworden aus Wittun (Deutsche Rundschau, Jg. 53 Nr. 225), Sosno (Deutsche R., Jg. 52 Nr. 240), Thorn (Deutsche R., Jg., 52 Nr. 217), Lopennitza (Jg. 52, Nr. 194), Nakel (Jg. 52, Nr. 213), Scherpingen (Jg. 25, Nr. 246), Margonin (Jg. 52, 194), Neukirchen (Jg. 52, Nr. 194), Kleinbartelsee (Jg. 52, Nr. 253), Mokrau (Jg. 52, Nr. 217), Soldau (Jg. 52, Nr. 225), Sipiory (Jg. 52, Nr. 253), Zachasberg (Jg. 52, Nr. 214), Bismarcksruhm (Jg. 52, Nr. 213), Piwnitz (Jg. 52, Nr. 214).

Ähnlich wie in Galizien ist auch hier das deutsche Kind katholischer Konfession besonders gefährdet. Einer Interpellation des deutschen Abg. Graebe und Genossen vom Februar 1929 [2]) entnehmen wir: In Schillen, Kr. Bromberg, bilden 53 katholische deutsche Kinder mit 7 evangel. Deutschen und 18 polnisch-katholischen Kindern eine Schule mit polnischer Unterrichtssprache.

In Kamin (Kr. Zempelburg) müssen 21 deutsche katholische Kinder in die polnische Schule gehen, zusammen mit 31 deutsch-evangelischen Kindern.

In folgenden Fällen müssen katholische deutsche Kinder in die polnische Klasse gehen, obwohl eine deutsche am Ort ist:

31	Kinder	aus	Samotschin, Kr. Kolmar,
2	,,	,,	Wiochowo, Kr. Wreschen,
3	,,	,,	Domarun, Kr. Zempelburg,
25	,,	,,	Vandsburg, Kr. Zempelburg,
40	,,	,,	Lindenwerder, Kr. Kolmar,
23	,,	,,	Schmielau, Kr. Kolmar,
70	,,	,,	Kolmar und Umgebung.

Wie unsere erste Übersicht zeigt, ist mit der Vernichtung des öffentlichen deutschen Schulwesens auch die Initiative der Deutschen selbst gestiegen. Die Zahl der deutschen Kinder, die deutsche Privatvolksschulen besuchen, ist von 1176 im Schuljahre 1925/26 auf 3016 im Schuljahre 1928/29 oder von 2,6% auf 8,4% gestiegen. Aber auch hier zeigt sich, daß die Schwierigkeiten der Behörden um so größer werden, je »gefährdeter« das Gebiet ist.

---

[1]) a. a. O. Jg. 52 Nr. 225.

[2]) Posener Tageblatt v. 23. II. 1929.

Zahl der deutschen Kinder in Privatvolksschulen.

	Posen	Netzegau	Pommerellen
1925/26	975	132	69
1926/27	1937	1338	100
1927/28	2100	541	260
1928/29	2184	564	268

An privaten deutschen Mittelschulen sind in Kongreßpolen zu nennen:

1. das deutsche Gymnasium in Lodz mit ca. 700 Schülern,
2. das deutsche Mädchengymnasium in Lodz mit 350 Schülerinnen,
3. das deutsche Gymnasium in Pabjanice mit 150 Schülern,
4. die 6-klassige deutsche Mittelschule in Sompolno mit 110 Schülern.

In Posen und Pommerellen sind dem deutschen Mittelschulwesen von staatlicher Seite ein Gymnasium in Thorn und einige Parallelklassen in Graudenz eingeräumt. An privaten höheren Lehranstalten bestehen 4 Vollgymnasien (in Dirschau, Bromberg, Posen und Lissa) und eine Reihe von Progymnasien und Vorbereitungsanstalten [1]). Träger dieser Privatschulen sind die Schulvereine, die in dem Deutschen Schulverein e. V. mit dem Sitz in Bromberg zusammengeschlossen sind.

Die Schwierigkeiten, die den deutschen Privatschulen erwachsen, möge ein Auszug aus den entsprechenden Schulgesetzen und Verordnungen erhellen.

1. Verfügung des Ministers für Kultus und Unterricht über Zuerkennung der Rechte der Staatsschulen an private allgemein bildende Mittelschulen vom 3. Juni 1921 [2]).

§ 5. Die Rechte eines Privatgymnasiums verleiht der Minister für Kultus und Unterricht auf die Dauer eines Schuljahres.

§ 6. Die Schule muß einen Lehrkörper und einen Leiter mit entsprechenden unterrichtlichen und erzieherischen Qualifikationen besitzen. Die Lehrer müssen im allgemeinen in ein und derselben Schule unterrichten und dürfen nur eine Zahl von Stunden erteilen, die nicht 30, bei einem Alumnatsinstitut 25 Wochenstunden über-

[1]) Ein privates deutsches Gymnasium in Graudenz befindet sich im Aufbau.

[2]) Rühlmann a. a. O. S. 343 f.

steigt. In Ausnahmefällen kann das Kuratorium von vorstehenden Bestimmungen Abstand nehmen.

§ 9. Die Zöglinge von Privatschulen, welchen das Ministerium weder die vollen noch nicht-vollen Rechte eines Staatsgymnasiums verliehen hat, müssen, falls sie ein Reifezeugnis oder ein Zeugnis betr. die Beendigung einer gewissen Klasse gleichwertig den Zeugnissen eines Staatsgymnasiums erlangen wollen, ein Examen im Charakter der Extranaerprüfungen vor der Prüfungskommission einer der staatlichen Mittelschulen des Schulbezirks ablegen.

2. Verordnung über die Staatsangehörigkeit der Lehrer vom 23. Juni 1924.

Mittels Verfügung v. 9. Mai dieses Jahres gibt das Ministerium bekannt, daß fremde Staatsangehörige Lehrerstellen an privaten Mittelschulen nicht innehaben können. Vom kommenden Schuljahre ab werden fremde Staatsangehörige zum Unterricht in privaten Mittelschulen nicht zugelassen.

3. Am trefflichsten indessen spiegelt sich der Geist der polnischen Nationalitätenpolitik in folgendem Rundschreiben des Kuratoriums Poznan v. 25. I. 1927 an die Schulinspektoren des Bezirks [1]:

»Durch die unnatürliche Ausbreitung des Privatschulwesens, deren Ursache des öfteren weder in der Sorge um das Wohl der Schulkinder noch der Sorge um die Entwicklung und Hebung des Schulwesens überhaupt, sondern in versch. Nebenrücksichten zu suchen ist, hat sich das Kuratorium zum Beschluß folgender Bestimmungen veranlaßt gesehen: Der Kreisschulrat hat sich zu äußern . . ., ob die Notwendigkeit der Organisierung einer neuen oder die Erhaltung einer bereits vorhandenen Privatschule vorliegt,

ob die Entstehung einer neuen Schule nicht den Organisationsgrad der vorhandenen öffentlichen Schulen herabsetzt oder nicht die Schließung der benachbarten Schulen verursacht,

ob die Privatschule dieselben Unterrichts- und hygienischen Bedingungen haben wird wie die auf gleicher Stufe stehenden lokalen öffentlichen Schulen . . .

Die Eröffnung neuer Schulen ist grundsätzlich nur mit Beginn des Schuljahres zulässig«.

Dieses Rundschreiben steht in direktem Gegensatz zum Art. 8 des Minderheitenschutzvertrages, der den sprachlichen, nationalen

[1]) Dieses Rundschreiben ist den Akten aus dem Archiv der Deutschen Gesellschaft für Nationalitätenrecht entnommen.

und religiösen Minderheiten das Recht zur Gründung von Schulen aus eigenen Mitteln gewährleistet.

Äußerst instruktiv ist auch die Verordnung des Ministers für Religionsbekenntnisse und öffentliche Aufklärung v. 1. Mai 1929, betreffend Verleihung von Rechten staatlicher Schulen an private mittlere allgemeinbildende Schulen und Lehrerseminare. Es heißt dort unter § 4 b, daß die Verleihung der Rechte staatlicher Schulen an eine private Schule abhängig gemacht wird u. a. von folgender Bedingung: »Die Schule soll eine lebendige Erziehungstätigkeit entwickeln sowie genügende erzieherische Ergebnisse erzielen; insbesondere soll die Schule genügend deutlich im Geiste des Staates erziehen und unter ihr die Achtung für die Staatsgewalt und deren Anordnungen pflegen«.

§ 7 vermerkt: »Die verliehenen Rechte können vermindert und sogar jederzeit gänzlich zurückgezogen werden, sofern die Schule die Bedingungen nicht erfüllt, die den Besitz dieser Rechte begründen, besonders wenn die Schule den in § 4 b dieser Verordnung angeführten Anforderungen nicht genügt«.

Eine äußerst beliebte Methode, das Privatschulwesen zu vernichten, ist auch hier die Entziehung der Unterrichtserlaubnis, die durchwegs ohne Begründung erfolgt. Als krassestes Beispiel nennen wir die gleichzeitige Entlassung von 11 deutschen Lehrern an privaten höheren Lehranstalten in Bromberg, denen die Erlaubnis für den weiteren Unterricht ohne Begründung im September 1925 entzogen wurde. Darunter befanden sich 2 Direktoren. Als Beispiele aus der letzten Zeit führen wir die Amtsenthebung des Lehrers Reusch in Neutomischel an und die Verfügung des Schulkuratoriums in Posen vom Juni 1929, die dem Direktor des Bromberger deutschen Privatgymnasiums gleichfalls ohne Begründung die Befugnis zur weiteren Leitung der Anstalt entzog [1]).

Am 1. März d. J. führte der sozialistische polnische Abg. Prochnik aus, daß die Zahl der deutschen Schulen in Polen

von	1100	i. J. 1922
auf	901	i. J. 1923
auf	765	i. J. 1924
auf	631	i. J. 1925
auf	534	i. J. 1926

[1]) Deutsche Rundschau in Polen v. 26. 6. 29.

auf 431 i. J. 1927
auf ca. 300 i. J. 1928

gesunken sei.

Während auf 100 polnische Schulen ungefähr 50 staatliche kommen, so entfallen auf 100 Minderheitsschulen durchschnittlich 6—7 staatliche [1]).

Während von 1000 polnischen Kindern nur 2,4 Volksschulen mit einer Unterrichtssprache besuchen, die nicht die Muttersprache ist, sind dies von 1000 weißrussischen Kindern 984,5, von 1000 ukrainischen Kindern 725,6, von 1000 deutschen Kindern 288,5 [2]).

Die Absichten der polnischen Schulpolitik scheinen uns damit genügend deutlich gemacht zu sein. Die zuletzt genannten Ziffern besitzen nur einen Verhältniswert. Es darf nicht vergessen werden, daß von den Weißrussen etwa 60 % und von den Ukrainern etwa 50 % Analphabeten immer gewesen sind, während es in früheren deutschen Gebieten so gut wie keine Analphabeten gegeben hat. Bei den Deutschen hat die Schule in der Erziehung des Kindes immer eine überragende Bedeutung gehabt. Darum ist die Gefahr der Polonisierung dieser 28,8 % deutschen Kinder, die in ganz Polen in polnische Schulen gehen müssen, größer als bei den 98,4 % weißrussischen Kindern und den 72,5 % ukrainischen Kindern, die demselben Schicksal ausgesetzt sind, aber bei denen die Schule nie eine Bedeutung gehabt hat. Ihre seelische Substanz wird durch die Tatsache des polnischen Unterrichts nicht so schnell angegriffen werden wie die ihrer deutschen Leidensgenossen. Die Rechtlosigkeit, der die Nichtpolen in der Polnischen Republik ausgesetzt sind, hat in diesen Zahlen ihr getreues Spiegelbild.

Von der polnischen Nationaldemokratie aus betrachtet, ist es nur folgerichtig, die Deutschen als den »Erbfeind« der Polen am schärfsten zu bekämpfen. Das entspricht ihrer Ideologie und Tradition. Man muß jedoch anerkennen, daß sie eine gute Kenntnis der für alles so leicht empfänglichen Psyche des deutschen Menschen haben, wenn sie ihm die Schule nehmen, so sein Kind von frühster Jugend an dem deutschen Kulturleben entziehen und ihm polnische Kultur nahebringen.

---

[1]) Nation und Staat, April 1929 S. 466.

[2]) Die Gegenüberstellung nach E. Zerbe, Mitgl. des Bildungsausschusses des Sejm der Rep. Polen (Nation und Staat, Mai 1929, S. 567).

Der Kampf um den Boden.

Ebenso folgerichtig ist der polnische Kampf um den deutschen Boden. Der ländliche deutsche Privatbesitz betrug bis zur Abtrennung in Posen 53,7 %, in Westpreußen 69,6 %. Auch der größte Teil der städtischen Wohnhäuser war nach der amtlichen Statistik d. J. 1910 in deutschen Händen, so im Regierungsbezirk Posen 56 % aller städtischen Wohnhäuser, im Regierungsbez. Bromberg 67 %. Die Gesamtzahl der Deutschen in »Großpolen« betrug 1918 rund 1 100 000.

Bereits im Oktober 1920 entwickelte Stanislaw Grabski, der uns schon bekannte spätere Kultusminister, sein »Posener Programm«, das in dem Satz gipfelt, das fremde Element müsse von 20 auf 1—1½ % heruntergedrückt werden.

Indessen sind erst noch ein paar Worte über das »fremde Element« der Deutschen zu sagen. Es wurde bereits oben ausgeführt, daß der Besitz der Deutschen überall mehr als 50 % des Gesamtbesitzes ausmachte. Wie Ludwig Bernhard [1]) gezeigt hat, ist es falsch zu glauben, daß die preußische Ansiedlungspolitik den deutschen Bodenbesitz verstärkt habe. Das Gegenteil ist der Fall: Nur in 15 Kreisen der Provinz Posen und Westpreußen haben die Deutschen von 1896—1914 an Boden gewonnen, hingegen in 49 Kreisen sind die Deutschen trotz Ansiedlungskommission zurückgedrängt worden. Der Anteil der Polen an der Grund- und Gebäudesteuer wuchs von 36 % i. J. 1900 auf 40 % i. J. 1905.

Auch der Anteil der deutschen Beamten war nicht so bedeutend. In Westpreußen gab es 47 867 deutsche und 3069 polnische Beamte [2]), in Posen 44 509 deutsche und 7116 polnische. Militärpersonen waren davon in Westpreußen 26 852, in Posen 29 772, zusammen 56 624. Ein nicht unerheblicher Teil der deutschen Beamten stammt aus dem Lande. Laubert [3]) schätzt die Zahl der aus anderen Gebieten nach Posen und Westpreußen gezogenen Beamten auf 60 000 Köpfe. Heidelck rechnet sehr polengünstig mit höchstens 135—150 000. Diese Zahl ist an der Gesamtzahl der 1918 in Posen und Pommerellen befindlichen Deutschen nur mit 1,4 % beteiligt. Heute beträgt die Zahl der Deutschen in Großpolen, wie wir bereits sahen, 370 000.

---

[1]) Ludwig Bernhard: »Die Polenfrage«. 3. Aufl. München/Leipzig 1920, besonders S. 277 u. 569.

[2]) Wir folgen hier Heidelck: Die Stellung des Deutschtums in Polen, a. a. O. S. 13.

[3]) Nationalität und Volkswille. Breslau 1925.

Nimmt man unter Zugrundelegung des Mittels aus den obigen Ziffern die Zahl der aus den anderen Gebieten Deutschlands stammenden Beamten auf 100 000 an, so bleiben immer noch mehr als 600 000 eingesessene Deutsche, die zum Verlassen des Landes gezwungen wurden. Welche Kräfte da am Werke waren, die diese Deutschen verdrängten, muß kurz geschildert werden. Als Beispiele führen wir einige Fälle an, die sich in der ersten Zeit zugetragen haben, aber die natürlich darum gerade von besonderer Wirkung gewesen sind[1]). Der deutsche Leiter des Lazaretts in Montwy bei Hohensalza wurde von den Polen erschlagen; der Polizeipräsident von Posen, Blankartz, wurde erschossen; Rittergutsbesitzer von Haza-Radlitz und 6 andere Deutsche, die als Geiseln im Posener Kernwerk untergebracht waren, wurden dort ermordet. Die unverehelichte Helene Groß aus Altkloster, Kr. Bomst, wurde auf dem Wege zur Arbeitsstätte von einem polnischen Posten erschossen, weil ihr Bruder in den Grenzschutz eingetreten war. In Neubriesen wurde eine deutsche Familie in später Abendstunde überfallen, der Hausvater gebunden, geschlagen, geschändet, seine beiden Töchter vergewaltigt. Im Dorfe Schottland im Kr. Schubin wurden 2 Vettern Stubbe, der eine aus Friedensthal, der andere aus Birken, erschlagen; der 60jährige Landwirt Gustav Dränger aus Mietzkowo, Kr. Schubin, wurde erschossen. Der 68jährige Ludwig Tetzlaf aus Paulsthal bei Schneidemühl wurde verstümmelt, dann erschlagen. Dem 42jährigen Besitzer Erich Iwoz wurde der Hals durchschnitten. Der Besitzersohn Raddatz aus Hermsthal, Kr. Kolmar, wurde ermordet.

In dieser Zeit wurden Flugblätter verbreitet wie dieses[2]):

Nr. 7. Flugblatt. Polnisches Centralausrottungskommando und Platzkommando für Poznan zur Ausrottung der Juden und Deutschen.

Ultimatum.

Unsere Emigranten- und Arbeiterarmee fordert Sie und alle Ihre Genossen auf, sich bis zum 1. Juli spätestens aus Polen zu verziehen, andernfalls wird unsere Gewaltaktion recht böse einsetzen und ein jeder von Euch auf der Stelle kaltgemacht. Dann bringen wir jeden deutschen Michel und jeden Juden ohne Ausnahme um. Du bist ver-

---

1) Näheres hierüber bei Joseph Lamla: Der Aufstand in Posen. Berlin 1919.

2) In deutscher Übersetzung abgedruckt in Minderheitenschutz in Polen, ohne Verfasser und Verlag, Ende Juni 1921. 1 Exemplar befindet sich in der Preußischen Staatsbibl. zu Berlin.

pflichtet, dieses Ultimatum allen Deinen deutschen Hausinsassen und Miteinwohnern sofort bekanntzugeben und ihnen zu eröffnen, daß sie es ihrer deutschen Regierung und allen Deutschen und eigenen Machinationen zu verdanken haben. Wir Emigranten wurden nackt vertrieben, unserer Habe beraubt, viele von uns erschlagen und sitzen jetzt ohne Dach und Fach oder in Pferdeställen untergebracht, ohne Erwerb da, während das deutsche Bolschewikengesindel Wucher treibt und in den allerschönsten Häusern sitzt. 'raus heißt jetzt die Parole! Der Chef des Aufstandskommandos.

Nachschrift. Die Deutschen empfängt Pilsudski in Audienz, bei uns Unglücklichen hat er das nicht nötig, dieser Lumpengenosse [1]).

Daß es nicht bei leeren Drohungen blieb, beweist das Deutschenpogrom vom 2. Juni 1921 in Ostrowo. Damals wurden in dieser Stadt deutsche und jüdische Geschäfte von 500—700 polnischen Arbeitern geplündert, die Inhaber teilweise aufs schwerste mißhandelt, auch die Frauen und Dienstmädchen mit Stöcken und eisernen Stäben geschlagen. Insgesamt wurden an 50 deutsche Familien auf diese Weise geschädigt. In einer Versammlung an demselben Abend wurden die Deutschen öffentlich aufgefordert, die Stadt spätestens bis zum 8. Juni zu verlassen. Dabei sollten sie nichts mitnehmen. Polizei, Militär und Behörden griffen nicht ein. Erst gegen 7 Uhr abends, als das Pogrom programmäßig durchgeführt war und die polnischen Arbeiter sich bereits zerstreuten, erschienen Soldaten.

Aus der Anlage zu einer Note der Deutschen Regierung in dieser Angelegenheit an den Botschafterrat v. 16. Juni 1921 geht hervor, daß sich der Starost erboten hatte, jedem Deutschen eine Bescheinigung auszustellen, in der bestätigt wird, daß der betr. Deutsche gezwungen wäre, Polen zu verlassen [2]).

Schließlich kam es im Oktober 1920 zur Internierung von Hunderten von deutschen Männern für mehrere Monate in Szczypiorno [3]).

Ganz aufgehört haben derartige offene Gewalttätigkeiten an Deutschen bis heute nicht. In der Nacht vom 16. zum 17. Juli 1930

[1]) Anfang Juni 1921 hatte Pilsudski anläßlich seiner Reise durch die früheren preußischen Gebiete in Bromberg eine Abordnung verschiedener deutscher Organisationen unter Führung des früheren Landrats Eugen Naumann empfangen.

[2]) Näheres in Nr. 280 der D. A. Z. v. 18. Juni 1921.

[3]) Auf Grund einer Verordnung des Reichsverteidigungsrates aus der Zeit des Bolschewistenkrieges, die bestimmte, daß staatsgefährliche Persönlichkeiten auf die Dauer von 3 Monaten festgesetzt werden können.

wurden in Konitz zwei deutsche Bürger, die sich in deutscher Sprache unterhielten, von Teilnehmern des poln. Aufständischen-Verbandes auf offener Straße mit Knüppeln niedergeschlagen, so daß sie blutüberströmt zusammenbrachen [1]).

An alle diese Dinge erinnern wir nicht deswegen, weil sie schrecklich sind, auch nicht um die Polen anzuklagen, sondern einfach um zu zeigen, daß die Behandlung der Deutschen, besonders in der ersten Zeit, keineswegs derartig war, daß sie zum Verbleiben unter der neuen Staatshoheit hätte ermuntern können. Hinzu kommt, daß während des Bolschewisteneinfalles 1920 die wehrfähigen Deutschen sich der Musterung nur entziehen konnten, indem sie für Deutschland optierten. Die Optionsfrist lief aber erst am 10. 1. 1922 ab. Auf Grund der Wiener Konvention vom 30. 8. 24 kam es am 1. August 1925 zur zwangsweisen Abschiebung dieser Optanten.

Von sehr aktueller Gültigkeit sind die unmittelbare Zurückdrängung des deutschen Anteils am Boden und die Beschränkungen, denen die Deutschen auf dem Gebiete des Grunderwerbs ausgesetzt sind. Es sind vor allem folgende Maßregeln zu nennen:

1. Annullation von Ansiedlerrentengütern.
2. Liquidation des Grundbesitzes.
3. Ausübung des Wiederkaufsrechtes.
4. Ausübung des Vorkaufsrechtes.
5. Die Durchführung der sog. Agrarreform.

Die Annullation von Ansiedlerrentengütern.

Bei den durch die Annullation betroffenen Ansiedlern handelt es sich großenteils um solche, die zwar mit dem Preussischen Staat einen Rentengutsvertrag abgeschlossen hatten, durch den sie ein Grundstück gegen Barzahlung oder gegen dauernde Rente als Eigentum erwarben, ohne daß ihnen jedoch die Auflassung bis zum 1. November 1919 erteilt worden war. Andere Ansiedler hatten das Land vor Kriegsende nur gepachtet, aber Ende des Jahres 1918 oder Anfang des Jahres 1919 von dem im Pachtvertrag vorgesehenen Recht des Kaufs des Grundstücks Gebrauch gemacht, ohne jedoch die Auflassung zu erhalten. Schließlich handelt es sich noch um Pächter von Staatsdomänen und anderen Gütern mit laufenden Verträgen.

Alle diese Verträge wurden durch das sogenannte Annullationsgesetz des polnischen Sejm vom 14. Juli 1920, das sich zu Un-

[1]) Posener Tageblatt v. 22. VII. 1930.

recht auf Art. 256 des Versailler Vertrages beruft, für ungültig erklärt; die betroffenen Ansiedler wurden zur Räumung ohne jede Entschädigung aufgefordert; die Exmission wurde nach vorangegangenem Gerichtsurteil zwangsweise durchgeführt. Die Zahl der annullierten Ansiedler beläuft sich auf über 4000; die durchschnittliche Größe des Besitzes belief sich bei den Domänenpächtern auf 219 ha, bei den übrigen Ansiedlern auf 15 ha [1]).

Nach Art. 256 des Versailler Vertrags erwerben die Mächte, in deren Besitz deutsches Gebiet übergeht, gleichzeitig alles Gut und Eigentum des Deutschen Reiches oder der deutschen Staaten, das in diesen Gebieten gelegen ist.

Das Annullationsgesetz v. 14. Juli 1920 [2]) bestimmt in seinem Artikel I: »Auf Grund des Versailler Vertrages vom 28. Juni 1919 tragen die Gerichte von Amts wegen in allen Grundbüchern des ehemals preußischen Teilgebiets in allen Fällen, in denen die Krone, das Deutsche Reich, die Deutschen Staaten, Institute des Reichs oder der Deutschen Staaten, sowie der frühere Deutsche Kaiser oder andere Mitglieder deutscher regierender Häuser als Eigentümer oder Inhaber von dinglichen Rechten eingetragen sind, oder nach dem 11. 11. 1918 eingetragen wurden, an ihrer Stelle den Polnischen Staatsschatz ein.« Nach Artikel V des Gesetzes kann der auf Grund von Artikel I eingetragene Fiskus die Entfernung solcher Personen von dem Grundstück verlangen, welche sich noch auf Grund eines mit den früheren Eigentümern geschlossenen Vertrages auf diesem Grundstück aufhalten. Weiter wird bestimmt, daß die Personen, die durch diese Veränderungen betroffen werden, keinen Anspruch an den Staat stellen können.

Der damals noch bestehende Deutschtumsbund brachte diese Angelegenheit vor den Völkerbund, der das Gutachten des Ständigen Internationalen Gerichtshofes im Haag erbat. Durch sein Gutachten Nr. VI vom 10. Sept. 1923 und erneut durch das Urteil Nr. VII vom 25. Mai 1926 anläßlich des Chorzow-Streites wird die Rechtswidrigkeit des polnischen Vorgehens festgestellt, das unvereinbar mit Polens Verpflichtungen aus dem Versailler Friedensvertrag und dem Minderheitenschutzvertrag sei. Aber bereits im September 1923 waren die meisten der betroffenen Ansiedler nicht mehr im Besitze

---

[1]) W. Wiese bringt in seinem Buch »Das zwiespältige Polen« Berlin 1928, S. 36 gleiche Angaben.

[2]) Dziennik Ustaw Nr. 62 v. 27. Juli 1920.

ihrer Wirtschaften. Nachdem sich auch der Völkerbundsrat zugunsten der Ansiedler ausgesprochen hatte, versicherte Polen, daß es den Rest der Ansiedler auf seinen Wirtschaften belassen werde. Die bereits annullierten Ansiedler erhielten 5400 Goldfranken Entschädigung je Stelle.

Die Liquidation deutschen Privatvermögens.

Die Liquidation stützt sich auf Art. 297 b des Versailler Vertrages, der besagt, daß sich die Alliierten und Assoziierten Mächte das Recht vorbehalten, das Eigentum deutscher Reichsangehöriger zurückzubehalten und zu liquidieren, soweit es sich auf ihrem Staatsgebiet befindet. Die Liquidation erfolgt nach den Gesetzen des beteiligten Alliierten oder Assoziierten Staates, ohne dessen Zustimmung der deutsche Eigentümer auch weder über diese Güter, Rechte und Interessen verfügen, noch sie belasten darf.

Nach einem Bericht der polnischen staatlichen Kontrollkammer über die Liquidationstätigkeit sind bis zum 1. Januar 1928 liquidiert worden:

a) Großgrundbesitz im Umfang von mehr als 200 ha 89 Objekte 95 386 ha;

b) kleiner Landbesitz und Rentengüter 3644 Objekte 53 662 ha;

c) städtische Grundstücke und Grundstücke der öffentlichen Wohlfahrtspflege 1652 Objekte;

d) Industrie- und Handelsunternehmungen 272 Objekte.

Der Art. 92 Abs. 4 verpflichtet Polen, den Liquidationserlös unmittelbar an die durch die Liquidation Betroffenen zu zahlen, und gibt diesen das Recht, sich an den Gemischten Schiedsgerichtshof zu wenden, falls der Erlös ihrer Ansicht nach nicht dem Objekt entspricht.

Art. 92 Abs. 4 lautet: »In allen deutschen Gebieten, die auf Grund des gegenwärtigen Vertrages übergehen und endgültig als Bestandteil Polens anerkannt werden, dürfen das Eigentum, die Rechte und Interessen der deutschen Reichsangehörigen auf Grund des Art. 297 von der polnischen Regierung nur nach Maßgabe nachstehender Bedingungen liquidiert werden: 1. der Liquidationserlös muß unmittelbar an den Berechtigten ausgezahlt werden; 2. falls letzterer vor dem in Abschn. IV, Teil X (Wirtschaftl. Bestimmungen) des gegenwärtigen Vertrages vorgesehenen Gemischten Schiedsgerichtshof oder vor einem von diesem Gericht ernannten Schiedsrichter nachweist, daß die Verkaufsbedingungen oder die von der polnischen Regierung außerhalb ihrer allgemeinen Gesetzgebung ergriffenen Maßnahmen den Preis unbillig beeinflußt haben, ist der Gerichtshof oder der Schiedsrichter befugt, dem Berechtigten eine angemessene Entschädigung zu gewähren, die von der polnischen Regierung bezahlt werden muß.«

Die tatsächlich erstatteten Liquidationserlöse liegen stets unter dem wahren Wert der Grundstücke. Der durchschnittliche Preis für den Morgen des Großgrundbesitzes ist mit Gebäuden und Inventar mit 42 RM. angesetzt worden, für Bauernwirtschaften wurden je nach der Größe 800—2000 RM. gezahlt [1]). Die Fälle, in denen die Liquidationsämter die auf den Grundstücken liegenden Lasten höher errechneten als den Erlös, bilden keine Ausnahmen, sondern sind überaus häufig. Die Bezahlung der Lasten, die den Liquidationserlös überstiegen, wurde den Liquidierten nicht immer erlassen.

Die Besitzer der liquidierten Grundstücke haben beim Gemischten Deutsch-Polnischen Schiedsgericht in Paris Zusatzentschädigungsklagen angestrengt, die sich bis Ende 1925 auf 200 Millionen Schweizer Franken beliefen. Außerdem war bei einem großen Teil die Frage der Staatsangehörigkeit unklar (Art. 4 des Minderheitenschutzvertrages). Nachdem sich bereits der Ständige Internationale Gerichtshof im Haag in der Frage der strittigen Staatszugehörigkeit zugunsten der betroffenenen Liquidierten ausgesprochen hatte, kam es (durch Ratsbeschluß vom 27. September 1923 und v. 14. März 1924) am 30. 8. 1924 zur Wiener Konvention zwischen Deutschland und Polen. Danach ergab sich, daß Polen in etwa doppelt soviel Fällen das Liquidationsverfahren eingeleitet hatte, als nach den Verträgen zulässig war. Im übrigen verstand es Polen sich mit allen Mitteln den Bestimmungen der Wiener Konvention zu entziehen. Auch den Entscheidungen einer Deutsch-Polnischen Schlichtungskommission, die am 21. Dezember 1926 zustande kam, suchte Polen aus dem Wege zu gehen. Nur ganz wenige Fälle wurden erledigt. Mit dem Beginn des Jahres 1929 wurden in stärkerem Maße neue Liquidationen vorgenommen, die zu einer Petition der deutschen Minderheit (Naumann, Graebe) bei dem Völkerbund führte. Es wurde wiederum geltend gemacht, daß 367 Liquidationen jede rechtliche Grundlage fehle, da den betreffenden Eigentümern die polnische Staatszugehörigkeit zu Unrecht aberkannt werde. Auf Antrag des deutschen Reichsaußenministers Stresemann wurde diese Beschwerde als dringliche Angelegenheit erklärt und auf der Madrider Tagung des Völker-

[1]) Nach Wiese a. a. O. S. 36.

bundsrates im Juni 1929 zur Diskussion gestellt. Es kam eine Deutsch-Polnische Kommission unter dem Vorsitz des Japaners Adatschi zustande. Diese unmittelbaren Verhandlungen der Kommission begannen im Juli in Paris und führten am 20. August zur Unterzeichnung einer Akte. Darnach ist in 134 Fällen die Anerkennung der polnischen Staatszugehörigkeit und damit die Unzulässigkeit der Liquidation ausgesprochen worden. 40 weitere Fälle, die sich auf die Liquidation juristischer Personen (z. B. Frauenvereine und Genossenschaften) beziehen, sollten dem Ständigen Internationalen Gerichtshof im Haag unterbreitet werden. Der Rest der Fälle sollte einer gemeinschaftlichen Nachprüfung durch je 2 Delegierte beider Regierungen mit dem Ziel der Verständigung bis zum 1. 12. 29 unterzogen werden. Für die dann noch strittigen Fälle hat Deutschland das Recht, den Ständigen Internationalen Gerichtshof im Haag anzurufen. Nach Pressemeldungen handelt es sich hier um insgesamt 40 000 ha [1]).

Es verdient jedoch festgehalten zu werden, daß trotz der Einigung in Madrid die Liquidationen deutschen Besitzes nicht aufgehört haben. Während der Tagung des Vergleichskomitees wurden bis zum 11. 10. 1929, wie aus dem Monitor Polski aus dieser Zeit hervorgeht, 47 Güter und Grundstücke liquidiert.

Der Streit über das Recht der Liquidation bekam eine neue Wendung durch das sogenannte deutsch-polnische Liquidationsabkommen, das am 31. Oktober 1929 in Warschau unterzeichnet wurde. Gegen Kompensationen vorwiegend finanzieller Art, deren Wert hier nicht untersucht werden kann, verzichtet Polen auf weitere Liquidationen von Privateigentum Reichsdeutscher und auf eine weitere Ausübung des Wiederkaufsrechtes. Gelegentlich eines Banketts der Vereinigung zur Prüfung internationaler Probleme erklärte der polnische Außenminister Zaleski in einer längeren Rede [2]), daß bis zum Augenblick der Unterzeichnung des Abkommens auf Grund des Rechts auf Liquidation über 120 000 ha Land sowie etwa 1 600 städtische Objekte aus deutscher in polnische Hand übergegangen sind und daß nur noch etwa 23 000 ha und 30 städtische Objekte liquidierbar wären. Wobei Zaleski noch hervorhob, »daß die faktische Möglichkeit der Liquidierung dieser Objekte deswegen beschränkt war, weil alle diese Liquidationssachen den

[1]) z. B. Deutsche Rundschau in Polen v. 3. 9. 29.

[2]) Deutsche Rundschau in Polen v. 28. 3. 1930.

Gegenstand von Prozessen vor internationalen Instanzen bildeten«, da, wie bereits dargelegt wurde, sämtliche Inhaber dieser Liquidationsobjekte für sich die polnische Staatszugehörigkeit in Anspruch nahmen. »Der Verzicht auf die Liquidation betrifft also praktisch im gegenwärtigen Augenblick schon nicht mehr 23 000 ha, sondern nur noch 10 000 ha«. Wie wir sehen, kam das Abkommen als Schutz vor Enteignung für die in Polen lebenden reichsdeutschen Besitzer reichlich spät.

Das Wiederkaufsrecht.

Wie schon erwähnt wurde, verzichtete Polen in dem Warschauer Abkommen auch auf eine weitere Ausübung des Wiederkaufsrechtes. Es handelt sich bei dem Wiederkaufsrecht um folgendes:

Die mit Hilfe der Preußischen Regierung regulierten Güter und die Ansiedlungen waren vertraglich dem Wiederkaufsrecht seitens des Preußischen Staates unterworfen. Im Juli und August 1919 hat die Preußische Regierung ihre Rechte einschließlich des Wiederkaufsrechtes in mehreren Verträgen an die Deutsche Bauernbank in Danzig abgetreten. Die Polnische Regierung erkennt jedoch die betr. Verträge nicht an mit der Begründung, daß sie erst nach dem Waffenstillstand abgeschlossen seien und daß durch Art. 256 des Versailler Vertrages auch das Wiederkaufsrecht auf den Polnischen Staat übertragen sei. Damit stellt sich Polen auf den Standpunkt, daß es sich hier um ein Recht privaten Charakters handelt, das nicht, wie die Rechte politischen Charakters, mit dem Wechsel der Staatsoberhoheit automatisch erlischt. Bei dieser Auffassung ist es um so bemerkenswerter, daß von diesem Recht bisher nur bei Deutschen Gebrauch gemacht wurde. In einem Urteilsspruch vom 25. Mai 1926 hat der Ständige Internationale Gerichtshof im Haag sich dahin ausgesprochen, daß das Deutsche Reich und somit auch der Preußische Staat nach dem Versailler Vertrag das Recht besitze, bis zum Übergang der Staatshoheit in den polnisch gewordenen Teilen über sein Eigentum frei zu verfügen. Damit dürfte die Gültigkeit der vertraglichen Übertragung des Wiederkaufsrechtes auf die Deutsche Bauernbank in Danzig festgestellt sein. Nichtsdestoweniger ist in über 500 Fällen von diesem Recht durch den Polnischen Staat Gebrauch gemacht worden und zwar auch in solchen Fällen, wo das Anerbenrecht für den Übergang vom Vater auf den Sohn grundbuchlich eingetragen war.

Um so mehr verdient beachtet zu werden, daß die Polnische Regierung sich nur verpflichtet hat (wir zitieren weiter den polnischen Außenminister), »von dem Wiederkaufsrecht im Erbfalle bei den nächsten Verwandten nicht Gebrauch zu machen, unter dem Vorbehalt jedoch, daß die Erben wegen Vergehen oder Verbrechen nicht bestraft sind. In Zahlen stellt sich die Sache wie folgt dar: 29 000 Rentenansiedlungen hat die Preußische Ansiedlungskommission gebildet, von denen bis jetzt 14 000 in polnische Hände übergegangen sind. In deutscher Hand sind also etwa 15 000 verblieben«. Im übrigen gab sich natürlich auch Herr Zaleski über den Rechtsstand des Wiederkaufsrechtes keinen Illusionen hin: »Wenn diese Angelegenheit vor das Internationale Schiedsgericht gekommen wäre, dann wäre ihr Ausgang besonders nach dem grundsätzlichen Chorzower-Urteil zweifelhaft«.

Es sei darauf hingewiesen, daß die polnischen Unterbehörden vom Wiederkaufsrecht gegenüber deutschen Besitzungen nach Zustandekommen des Warschauer Vertrages noch in 5 Fällen Gebrauch gemacht haben. Auf Vorstellungen des deutschen Bevollmächtigten in Warschau wurde seitens des Polnischen Ministeriums des Äußeren die Einstellung derartiger Maßnahmen versprochen [1]).

Das Vorkaufsrecht.

Durch eine Verordnung vom 23. 12. 1918 und durch die Verordnungen vom 22. 12. 1919 und 18. 6. 20 hatte sich der Preußische Staat das Vorkaufsrecht bei allen Besitzungen über 20 ha gesichert, um der Spekulation mit Landgrundstücken durch Kriegsgewinnler zu steuern. Das damals noch bestehende polnische Ministerium für die ehemaligen preußischen Teilgebiete erweiterte diese Verordnungen durch ein Dekret vom 19. 12. 1919 auf Besitzungen bis 1/8 ha und nützte das Vorkaufsrecht dann in ausgiebiger Weise gegenüber den Deutschen auch in solchen Fällen aus, wo der Erwerber Berufslandwirt war. Der ständige Sturz der polnischen Valuta machte dem Polnischen Staat den Erwerb deutschen Besitzes ohne großen Aufwand möglich.

Diese Handhabung des Vorkaufsrechtes war ein hervorragendes Mittel, die Deutschen zur Abwanderung zu bringen, weil jede Möglichkeit, Land zu erwerben, unterbunden war, wie jeder Eigentumsübergang in Stadt und Land, da die notwendige Genehmigung der jetzt

---

[1]) Deutsche Rundschau v. 1. 3. 30.

polnischen Ansiedlungskommission bei Deutschen regelmäßig mit der Begründung abgelehnt wird, sie widerspreche den Grundsätzen der Innenkolonisation [1]).

Wir führen zur Illustration einen Fall aus der jüngsten Zeit an [2]): Der Landwirt Paul Schreiber aus Lichnau Kr. Konitz verlor nach dem Übergang Westpreußens in die polnische Staatshoheit seine Ansiedlung durch Annullation. Am 3. 2. 1928 kaufte er sich in Plötzig (Płocicz) Kr. Zempelburg von dem Landwirt Josef Gappa eine neue Wirtschaft. Durch eine Entscheidung des zuständigen Bezirkslandamtes v. 20. 2. 1928 wurde die Ausübung des Vorkaufsrechts ausgesprochen. Durch Beschluß vom 11. 6. 1929 hat der Agrarreform-Minister die Berufung gegen diese Entscheidung abgewiesen. Am 12. 6. 1930 wurde Schreiber, der als tüchtiger Landwirt bekannt ist, mit seiner zahlreichen Familie mit 7 Kindern exmittiert, nachdem man ihm vorher eine Frist von 6 Stunden zur Räumung gegeben hatte. Herr Schreiber ist von Jugend auf Landwirt, und sein Grundstück befand sich in einem wesentlich besseren Zustand als vor dem Kauf im Besitz des Gappa. Wirtschaftliche Gründe für die Exmission Schreibers werden nicht erbracht werden können.

Die Agrarreform.

Um die Agrarreform in ihren Auswirkungen nicht nur auf die Deutschen, sondern auch auf die anderen Nationalitäten zu verstehen, müssen wir uns noch einmal die Struktur des Bodenbesitzes in den einzelnen Landschaften klarmachen und in ihr die Rolle der Fremdnationalitäten. Die Größenverteilung der Landwirtschaften bietet für ganz Polen folgendes interessante Bild. Es entfielen 1921 auf Landwirtschaften in der Größe von

0,0—0,5 ha	=	98 931	ha	=	0,3 %
0,5—1 ha	=	208 444	ha	=	0,7 %
1—2 ha	=	768 235	ha	=	2,5 %
2—3 ha	=	962 122	ha	=	3,2 %
3—4 ha	=	1222 252	ha	=	4 %
4—5 ha	=	1 248 268	ha	=	4,1 %
5—10 ha	=	5 156 848	ha	=	17 %
10—20 ha	=	4 190 220	ha	=	13,8 %
20—50 ha	=	2 141 374	ha	=	7,1 %

[1]) Heidelck, Deutsche Blätter in Polen. IV. 5. S. 250.

[2]) Deutsche Rundschau v. 19. Juni 1930.

50—100 ha = 754 880 ha = 2,5 %
über 100 ha = 13 589 177 ha = 44,8 %

Es muß durchaus zugegeben werden, daß in einem Agrarland die sozialen Verhältnisse ungesund sind, wenn fast 50 % des Landbesitzes auf den Großgrundbesitz entfallen, während auf den gesunden Mittelbesitz von 10—20 ha nur 13,8 % der Fläche kommen.

Noch deutlicher wird die polnische Bodenbesitzverteilung in den einzelnen Teilgebieten in folgenden Statistiken [1]).

Es besaßen von 100 Landwirten ha:

	0—2	2—5	5—10	10—20	20—50	50—100	über 100
Posen und Westpolen	43,6	14,1	14,0	17,2	8,2	1,4	1,5
Kongreßpolen .	22,1	29,8	31,4	13,5	2,4	0,24	0,56
Galizien	54,06	32,9	10,18	2,0	0,41	0,13	0,32
Ostgebiete	13,75	35,75	32,6	13,15	3,25	0,55	0,95
Polen	34,0	30,7	22,5	9,6	2,3	0,3	0,6

Von 100 Teilen des Landbesitzes ohne Wald entfielen ha in der Größenklasse:

	0—2	2—5	5—10	10—20	20—50	50—100	über 100
Westpolen	2,2	3,7	8,0	19,3	18,0	7,2	41,6
Kongreßpolen .	2,9	13,8	28,1	22,6	8,1	1,9	22,0
Galizien	15,9	29,3	18,6	6,9	3,1	2,2	24,0
Ostgebiete	1,4	12,2	22,3	16,5	8,6	3,0	35,9
Polen	4,6	14,5	21,6	17,8	8,6	3,0	29,9

Der Vergleich der beiden Statistiken zeigt, daß in Westpolen 1,5 % aller Landwirte 41,6 % des gesamten Landbesitzes ohne Wald besitzen, hingegen 43,6 % aller Bauern nur 2,2 % des Landbesitzes. In Kongreßpolen besitzen 83,3 % aller Bauern, in Galizien 97,1 % und in den Ostgebieten 82,10 % weniger als 10 ha. In Kongreßpolen besaßen diese 83,3 % Kleinbauern 44,8 %, in Galizien die 97 % Kleinbauern 63,8 % und in den Ostgebieten die 82,10 % Kleinbauern 35,9 % der gesamten landwirtschaftlich genutzten Fläche.

Zwergbauern unter 2 ha Besitz waren in Kongreßpolen 22,1 % aller Landwirte mit 2,9 %, in Galizien 54,06 % aller Landwirte mit 15,9 %, in den Ostgebieten 13,75 % aller Landwirte mit 1,4 % des ge-

[1]) Schubert a. a. O. Anlage 4.

samten Landbesitzes ohne Wald [1]). Für Kongreßpolen ist ein weitverbreiteter Zwergbesitz neben starkem Großgrundbesitz bei Fehlen eines gesunden Mittelbesitzes charakteristisch. Ähnlich liegen die Verhältnisse in den Ostgebieten. Am schlimmsten sind sie in Galizien. Wie uns aber die beigefügte Statistik belehrt, sind die Gegensätze zwischen ausgedehntem Latifundienbesitz und landarmem bzw. landlosem Bauerntum nirgends so kraß wie in den ukrainischen Ostprovinzen. In der Wojewodschaft Lemberg sind 44,3 % des gesamten Bodens in Händen von Besitzern mit mehr als 100 ha und 34,8 % des Bodens in Händen von Zwerg- und Kleinbauern mit weniger als 5 ha. In Stanislau befinden sich 46,3 % des Bodens in Händen von Großgrundbesitzern und 27,4 % des Bodens in Händen von Kleinbauern. In Tarnopol stehen sich gegenüber 45,1 % Großgrundbesitz und 30,6 % Kleinbesitz. In den früher preußischen Provinzen gibt es doch einen umfangreichen Mittelbesitz (5—100 ha), dessen Landbesitz in Posen 41,4, in Pommerellen 45,7 % ausmacht. In den Ostprovinzen ist der Großgrundbesitz ganz überwiegend in polnischer Hand. Die Zwergbauern sind fast durchweg Ukrainer und Weißrussen, daneben z. T. Litauer, Deutsche und Tschechen. In Kongreßpolen ist das Land, abgesehen von einigen wenigen jüdischen Großgrundbesitzern, fast ausnahmslos, ob Großgrundbesitz, ob Kleinbesitz, in polnischen Händen. In Posen und Westpreußen überwog, wie schon gezeigt wurde, vor der Übernahme durch die Polen in fast allen Besitzklassen der deutsche Besitz den polnischen.

Es muß jedoch gesagt werden, daß in den früher preußischen Provinzen von einem Landhunger, wie er in den zentralen und ganz besonders in den östlichen Wojewodschaften Polens sehr weit verbreitet ist, nicht gesprochen werden kann. Hinzu kommt, daß im Westen Polens beispielsweise 5 ha wegen der intensiven Landwirtschaft bedeutend mehr sind als 5 ha im Osten Polens, wo vorzugsweise extensive Landwirtschaft getrieben wird. Außerdem muß in Betracht gezogen werden der verschiedene Stand der Volksbildung, der Verkehrs-, der Kredit- und der Absatzverhältnisse.

Aus alledem dürfte klar geworden sein, daß die Agrarreform durchaus ein innerpolitisches Problem bildet, dessen Lösung sowohl sozialpolitisch wie volkswirtschaftlich für den neuen Staat von

[1]) Die 43,6% westpolnischer Landwirte unter 2 ha sind im Gegensatz zu den Kleinbauern im Osten meistens hauptberuflich Handwerker und kleine Beamte mit etwas Garten- und Gemüseland. Im Osten sind diese Besitzer selbständig und auf den Boden angewiesen.

größter Bedeutung ist. Das Interesse der nationalen Minderheiten an ihr war sehr verschieden. Die Ukrainer und Weißrussen forderten die Agrarreform beständig und in sehr radikaler Form, den Deutschen war sie wenig willkommen (obwohl ihre Vertreter eine ausgesprochen agrarreformfeindliche Haltung nie eingenommen haben). Den Juden, in deren Händen ja so gut wie kein Landbesitz ist, war sie gleichgültig oder vielmehr nur Waffe im politischen Kampf um andere Objekte.

Unter diesen Umständen ist die Agrarreform sehr bald Gegenstand parlamentarischer Diskussionen und parlamentarischer Gesetzgebung geworden. Während die Bolschewisten vor den Toren der Hauptstadt standen, wurde am 15. Juli 1920 das Agrarreformgesetz beschlossen, das durch ein Gesetz vom 28. Dezember 1925 wesentlich abgeändert worden ist. Das Land für die Durchführung der Agrarreform hat nach Art. 2 der Großgrundbesitz (und zwar gleichgültig, ob aus dem Eigentum des Fiskus, der Kirche oder der privaten Hand) zur Verfügung zu stellen. 180 ha im Westen, in den östlichen Provinzen bis 300 ha können dem bisherigen Eigentümer, und zwar nach freier Wahl verbleiben (Art. 4). Im Falle besonders wertvoller Wirtschaften (Saatzucht, Viehzuchtanstalten) kann der Minister für Agrarreform nach völlig eigenem Ermessen die Flächenmasse der von der Agrarreform befreiten Grundstücke erhöhen, jedoch nicht um mehr als insgesamt 550 000 ha. Die Reihenfolge der zur Reform heranzuziehenden Güter ist dem Ermessen des Ministers für Agrarreform freigestellt, nur dürfen im selben Bezirk nicht kleinere Güter vor größeren herangezogen werden. Um möglichst einen freiwilligen Verkauf zu erreichen, wird vom Minister für je 1 Jahr bis zum 10. Januar zunächst eine Liste veröffentlicht, aus der hervorgeht, welche Gesamtfläche in den bestimmten Wojewodschaften in dem Jahr aufgeteilt werden soll. Wird die freiwillige Parzellierung nicht erreicht, so folgt eine zweite Liste in der Zeit vom 1. November bis zum 10. Januar des folgenden Jahres mit namentlicher Aufzählung der dem Zwangsverkauf ausgesetzten Güter. Dieser darf erfolgen, wenn der betreffende Eigentümer auch bis zum 1. Dezember zur freiwilligen Parzellierung nicht geschritten ist. Die Parzellierung des enteignungsfähigen Großgrundbesitzes soll bis zur Erschöpfung des gesamten Landvorrats stattfinden. Das Jahreskontingent wird zunächst für 10 Jahre auf 200 000 ha festgelegt (Art. 11, 1). Die Käufer der neuen Parzellen können polnische Staatsbürger sein, deren Hauptbeschäftigung die landwirtschaftliche oder gemüsegärtnerische Erzeugung bildet bzw. welche in anderer Weise nachweisen, daß sie zur vorschriftsmäßigen Führung einer selbständigen Landwirtschaft oder Gemüsegärtnerei gehörig vorbereitet sind. Berücksichtigt bei dem Verkauf der parzellierten Flächen sollen in erster Linie Zwergwirtschaften der Nachbardörfer werden, dann erst sollen neue Ansiedlungen geschaffen werden. Die neugeschaffenen bzw. die vergrößerten Wirtschaften sollen lebensfähig, selbständig und zu einer ausgiebigen Produktion fähig sein.

Eine Ausnahmebestimmung gegen nationale Minderheiten enthält auch Art. 3 c, der bestimmt, daß der zwangsweise Aufkauf zulässig ist bei:

»ländlichen Grundstücken, die unter den Ausnahmebedingungen und Vorbehalten der früheren russischen Teilungsbehörden erworben worden sind, und zwar mit Beobachtung der Bestimmungen des russischen Gesetzes vom 1. 3. 1864 und des Ukas vom 3. 4. 1864 über die sogenannten Vergünstigungsgüter (Majatki ulgowe), der sogenannten Instruktion vom 23. 12. 1865 und der Ukase vom 23. und 31. 12. 1865 über den erzwungenen Verkauf der Landgüter durch Personen, die im Verwaltungswege wegen Beteiligung am Aufstand des Jahres 1863 verschickt worden sind, der Bestimmungen vom 13. 7. 1871 über den Verkauf des unter Verwaltung des Staatsschatzes stehenden Landes im Gouvernement des Königreichs Polen, der kaiserlichen Befehle vom 19. 2. 1887, vom 13. 6. 1887 und vom 25. 2. 1888 über die besondere Art des Verkaufs von Grundstücken der früheren Uniten, die aus dem Gouvernement Siedlce nach dem Gouvernement Orenburg ausgesiedelt worden sind bzw. unter der auf Grund der Bestimmungen des Anhangs zu § 50 des Statuts der staatlichen Adelsbank (Sammlung der Gesetze des russischen Kaiserreichs Band XI, Teil 2, Ausgabe 1903 und kont. 1912) erteilten Kreditbeihilfe, soweit diese Grundstücke im Besitz der erstmaligen Erwerber auf Grund obiger Gesetze oder ihrer Erben sind und nicht durch sie bis zum 17. 9. 1925 veräußert worden sind, und soweit diese Eigentümer auf dem ganzen Staatsgebiet Polens mehr als 45 Hektar Land besitzen.«

Im Gegensatz zu den anderen abgabepflichtigen Gütern, die 2 Jahre Zeit haben, freiwillig zu parzellieren, können diese Güter sofort aufgekauft werden (Art. 22). Im Art. 50 Ziffer 2 wird dem Agrarreformminister eine weitere Möglichkeit einer nationalitätenfeindlichen Handhabung des Gesetzes gegeben, und zwar bei der Auswahl der Siedler, für die allgemein (Art. 52) die Reihenfolge: Kleinpächter, Soldaten und Invaliden, Gutsarbeiter, Zwergbesitzer benachbarter Dörfer, andere Bewerber festgelegt ist. Hier heißt es: »In denjenigen Fällen, wo die wirtschaftlichen Bedingungen es erfordern werden, kann der Bodenreformminister verfügen, daß die ganze parzellierte Fläche oder ein Teil derselben bestimmt wird zum Verkauf an Kandidaten aus der Zahl der Einwohner der Kreise oder Gemeinden, welche besonders übervölkert sind und die eine Gesundung der Agrarverhältnisse erfordern und vom Bodenreformminister bezeichnet werden. Dann muß der Bodenreformminister der örtlichen Gutsarbeiterschaft, welche ihre Arbeit verliert, Wirtschaften in anderen von den Landämtern oder der staatlichen Landwirtschaft parzellierten Gütern anweisen mit der Bestimmung, daß die Arbeiterschaft die angewiesenen Parzellen erhält, ehe sie das Landgut, auf dem sie beschäftigt war, verlassen müssen. Sofern die Gutsarbeiterschaft auf den Erwerb der ihr angewiesenen Parzellen verzichtet, zahlen die Bezirkslandämter ihnen eine einmalige Entschädigung von je 500 Zl. aus den Geldmitteln des Staatsschatzes außer den Schuldforderungen, die sich wegen der Auflösung des Dienstverhältnisses ergeben könnten«.

Ihrer soziologischen Struktur entsprechend, muß das Interesse der in Frage kommenden Nationalitäten an der Agrarreform ein verschiedenes sein. Die Deutschen mußte ihre Heranziehung bei der Enteignung, die Ukrainer und Weißrussen ihre Berücksichtigung bei der Zuteilung des enteigneten Landes besonders angehen. Die Garantie eines gerechten Anteils des zu enteignenden deutschen Besitzes innerhalb der zur Enteignung erklärten gesamten Grundfläche ist nicht einmal für die einzelnen Wojewodschaften gegeben, noch viel weniger eine Gewähr dafür, Deutsche oder Angehörige der anderen Nationalitäten bei der Zuteilung in gerechter Weise zu berücksichtigen. Darüber hinaus bietet der oben zitierte Art. 50 die Möglichkeit, ukrainische und weißrussische Landarbeiter nach dem Westen zu verpflanzen und an ihre Stelle Polen aus Kongreßpolen anzusetzen, um so auch fast rein nichtpolnischen Landschaften ihren ukrainischen oder weißrussischen Charakter zu nehmen.

»Die Kolonistenabteilungen sollen neben der wirtschaftlichen Wiederherstellung der landwirtschaftlichen Produktion auch die nationalpolitische Rolle der Verteidiger der Grenzgebiete durch das polnische Element übernehmen«[1]). Neben der Parzellierung durch den Staat sieht das Gesetz auch die Möglichkeit der Parzellierung durch private und gemeinnützige Siedlungsgenossenschaften vor. Es enthält aber keine Bestimmung über die Vorbedingungen, von deren Erfüllung die Ermächtigung zur Parzellierung abhängig gemacht wird. Der Minister für Agrarreform kann Anträge nach Belieben ablehnen (Art. 58 Ziff. 1).

In der Zeit von 1919—1924 sind 225 699 ha durch den Staat, 200 655 ha durch gemeinnützige und 182 465 ha durch private Siedlungsgenossenschaften besiedelt worden. Bezeichnend für die nationalitätenfeindliche Einstellung bei der Erteilung der Parzellierungsermächtigung an private Siedlungsgenossenschaften ist, daß solche private Parzellierungsgenossenschaften fast nur dort zugelassen wurden, wo der Großgrundbesitz nahezu ausschließlich in polnischen Händen war. Die private Siedlung vermag aber natürlicherweise in ungleich höherem Maße die Interessen der betroffenen Großgrundbesitzer wahrzunehmen als der Staat. Eine wirklich freie Gewährung privater Landaufteilung hätte eine deutschenfeindliche Ausnutzung der Agrarreform außerordentlich erschwert.

Es wurden in den Jahren 1919—24 besiedelt[2]):

	durch den Staat	durch private Siedlungsgenossenschaften	d. gemeinnützige Siedlungsgenossenschaften
i. d. Wojewodschaft			
Warschau	22 534 ha	20 227 ha	11 850 ha
Krakau	1 776 „	11 705 „	1 138 „
Posen	4 799 „	1 381 „	28 „
Pommerellen	7 964 „	130 „	— „

Daß die Erwerber der Parzellen vorzugsweise Polen waren und die Zahl der Nichtpolen in gar keinem Verhältnis steht zu dem Landhunger gerade unter den Ukrainern und Weißrussen, deutet die amtliche Konfessionsstatistik der bei der Zuteilung des aufgeteilten Landes Bedachten klar genug an. Von den 30 060 Erwerbern von Agrarreformland waren

19 503 römisch-katholisch,
7 494 orthodox,
2 534 griechisch-katholisch (uniert),
125 jüdisch,

[1]) Kurjer Poranny 1920, zitiert nach Wiese a. a. O. S. 21 f.
[2]) Kwartalnik Statistyczny Rok 1926 I.

71 evangelisch,
333 unbekannter Konfession.

Auffallend ist die geringe Zahl der Evangelischen, obwohl die Enteignungen in Posen und Pommerellen ziemlich erheblich waren. Indessen wurde die Agrarreform in noch viel stärkerem Maße aus einer volkswirtschaftlichen und sozialpolitischen Angelegenheit zu einer nationalpolitischen durch das am 28. 12. 25 beschlossene Neue Agrarreformgesetz. Schon bei den Parlamentsdebatten wurden die Polonisierungsabsichten des zu beschließenden Gesetzes deutlich. Jedenfalls deutlich genug, um die polnische Großgrundbesitzerschaft für das Gesetz und die landarmen und landlosen Ukrainer und Weißrussen gegen das Gesetz stimmen zu lassen. Freilich werden bei diesen die Enttäuschungen bei der Handhabung des ersten Agrarreformgesetzes mitgesprochen haben. Höchst bezeichnenderweise wurden Anträge der Ukrainer und Weißrussen um gerechte Berücksichtigung bei der Landzuteilung überhaupt nicht diskutiert. Ein Antrag der nationalen Minderheiten, die Reihenfolge der zu enteignenden Besitzungen gesetzlich festzulegen, wurde abgelehnt. Im Gegensatz zum Gesetz von 1920 wird festgesetzt [1]):

1. Die Größe des zu belassenden Restgutes kann erhöht werden, wenn es die Erhaltung der landwirtschaftlichen Kultur, Saatzucht und Viehzucht erforderlich erscheinen läßt oder wenn es sich um ländliche Grundstücke mit umfangreicher Industrie (bei Brennereien, Stärke- und Kartoffelflockenfabriken Erhöhung des Restgutes bis 350 ha, bei Zuckerfabriken bis 700 ha) handelt. Art. 5.

2. Es müssen jährlich 200 000 ha Großgrundbesitz aufgeteilt werden. Wird diese Menge nicht erreicht, so muß der Rest im folgenden Jahre aufgeholt werden. Art. 51.

Der ukrainer- und weißrussenfeindliche Art. 50 Ziff. 2 aus dem Gesetz vom Jahr 1920 findet sich hier wörtlich als Art. 51 Ziff. 2. Auch die übrigen Bestimmungen sind die gleichen wie im alten Gesetz. Für das Jahr 1926 wurde die Einschränkung gemacht, daß bereits am 11. 1. 1926 und nicht erst am 10. 1. 27 die namentliche Aufführung der Besitzer des zwangsweise aufzuteilenden Bodens zu erfolgen habe, daß aber gleichzeitig nur 50 000 ha für 1926 der zwangsweisen Aufteilung unterliegen dürfen. Jedoch schon diese erste Namenliste brachte den Beweis, daß man sich zuungunsten der Deutschen nicht

[1]) Polnische Gesetze und Verordnungen in deutscher Übersetzung Nr. 1, Posen 18. 1. 26.

an die Bestimmung des Gesetzes, das die größeren Besitzungen vor den kleineren enteignet werden müssen, zu halten gedachte. Dabei fällt auf Posen und Pommerellen der beträchtliche Anteil von 11 750 ha, davon auf Pommerellen 7 300, auf Posen 4 450. Auffallend ist die starke Heranziehung Pommerellens. Sie ist nur aus nationalpolitischen Gründen erklärlich, da der Anteil des Großgrundbesitzes hier bedeutend geringer ist als beispielsweise in Posen (49, 7 % : 53, 6 %). Dabei beträgt die Flächenausdehnung Pommerellens nur 16 386 qkm, die Posens aber 26 603 qkm. Von den 11 750 ha für Pommerellen und Posen fallen auf die Deutschen 10 800 ha, auf die Polen nur 950 ha. Der zur Enteignung angesetzte deutsche Besitz macht 91,2 % aus. Dabei liegen nur 28 % des Bodens in deutschen Händen [1]). Nach dem Stand vom 30. 9. 21 war das Verhältnis des deutschen Großgrundbesitzes zum polnischen über 500 ha wie 35,9 zu 62,6 in Posen und wie 43,7 zu 56 in Pommerellen (nach Weinfeld, Tablice Statystyczne Polski 1925). Die starke Heranziehung des westpolnischen Großgrundbesitzes ist keineswegs gerechtfertigt, da der an und für sich nicht so bedeutende Landhunger in diesen Gebieten durch die Annullation der deutschen Ansiedler, die Liquidation deutschen Grundbesitzes und durch die Ausübung des Wiederkaufsrechtes seitens des Staates weitgehend gestillt ist, wobei noch hervorgehoben werden muß, daß es in diesen Gebieten ein Zwergbauerntum, wie in den weißrussischen und insbesondere ukrainischen Gebieten, niemals gegeben hat.

Für 1927 waren Enteignungen vorgesehen in:

Pommerellen	5 565	ha deutschen Besitzes,
	1 483	ha polnischen Besitzes;
Posen	4 298	ha deutschen Besitzes,
	2 914	ha polnischen Besitzes.

Die Deutschen wurden also wieder mit 69,1 %, die Polen mit nur 29,9 % belastet. Wieder wurde in besonderem Maße Pommerellen bedacht, das mit Gewalt polonisiert werden soll. Von jedem betroffenen Gute wurden im Durchschnitt fortgenommen:

	deutsch	polnisch
1926	337 ha	135 ha
1927	280 ha	163 ha.

Für 1928 sind die Deutschen immer noch mit 3 455 ha gegenüber

---

[1]) »Nation und Staat«, Oktober 1927, S. 121.

3 971 polnischen ha belegt worden. Die Namenliste für 1929 geht wieder in allerschärfster Weise gegen die Deutschen vor: 7 292 ha aus deutscher Hand (92,8 %) stehen nur 570 ha aus polnischer gegenüber. Auch diesmal ist Pommerellen besonders herangezogen worden. Dabei wurden niemals Saatgutwirtschaften oder sonstige Musterwirtschaften Deutscher im Sinne des Gesetzes verschont. In vielen Fällen wurden deutsche Besitzer, die bereits einmal auf der Liste standen, im folgenden Jahre noch einmal herangezogen.

Die ganze Ungeheuerlichkeit dieser Agrarreform mag noch einmal folgende Tabelle zum Ausdruck bringen.

Auf der Namenliste der Agrarreform sind genannt:

Im Bezirk	In den Jahren 1926—29				Im Jahre 1929			
	Gesamtfläche	Dtsch. Bes.	Poln. Bes.	Dtsch. Bes. in %	Ges.-Fl.	Dtsch. Bes.	Poln. Bes.	Dtsch. Bes. in %
Pommerellen	25 277 ha	20 540	4 737	81,3	6 020	5 750	270	95,5
Netzegau ...	4 862	3 587	1 275	73,8	673	673	—	100
i. Korridor insgesamt:	30 139	24 127	6 012	80,5	6 693	6 423	270	96,0
Posen	11 029	7 483	3 546	67,8	1 169	869	300	74,3
ehem. Preuß. Teilgebiet insgesamt (außer O.-S.)	41 168	31 610	9 558	76,8	7 862	7 292	570	92,8

Die Namenliste der Agrarreform für 1930 setzt für die Wojewodschaften Posen und Pommerellen 14 620 ha zur Zwangsparzellierung an. Von diesen 14 620 ha befinden sich 10 655 ha = 72,6 % in deutscher Hand. Dabei liegt der deutsche Besitz in diesen Wojewodschaften weit unter diesem Satz.

Die nationalitätenfeindlichen Absichten der polnischen Agrarreform treten klar zutage. Es scheint, daß man nach Vertreibung der annullierbaren Ansiedler neuerdings zu noch schärferer nationalpolitischer Ausnutzung der Agrarreform schreitet, wie das Beispiel 1929 und 1930 zeigt. Es bleibt noch ein Wort über die tatsächliche Entschädigung zu sagen. Im Dezember 1928 fand der erste Termin zur Festsetzung des Kaufpreises des ersten zwangsweise parzellierten Gutes statt. Danach gab es 135 Zl. je Morgen = 540 Zl. je ha. Das ist, wie der deutsche Senator Hasbach am 7. März 1929 im Polnischen

Senat ausführte, »für 1 Morgen der Wert von 2 Schafen, für einen ha der Wert einer Kuh«. Bei der Verteilung des enteigneten Landes werden die Ukrainer und Weißrussen wiederum gänzlich vergessen. Dafür wurden im ukrainischen Siedelraum 560 000 ha innerhalb von 3 Jahren an polnische Ansiedler und Militärkolonisten vergeben [1]). Wie unberechtigt vom volkswirtschaftlichen Gesichtspunkt aus diese Politik der Übergehung der an erster Stelle Bedürftigen und auch Fähigen ist, zeigt das Beispiel Wolhyniens. Hier wurden 1923 45 000 ha Land an Militärkolonisten verteilt. Davon sind nur 14 320 ha = 32 % unter den Pflug gekommen, und auch hiervon bebauen die Kolonisten nur ca. 8000 ha selbst, den Rest verpachten sie. Von den Soldaten stammen nur 15 % aus der Landwirtschaft. Demzufolge sind nur 4,3 % der Militärkolonisten auf den ihnen zugeteilten Wirtschaften verblieben [2]). Ähnlich liegen die Verhältnisse in den weißrussischen Gebieten. Hier haben die weißrussischen Landarbeiter oder Handwerker durch die Zerschlagung des Großgrundbesitzes ihre Beschäftigung auf den Gütern verloren und sind brotlos geworden. Dafür wurden in bedeutender Anzahl Militärkolonisten angesiedelt, denen das nötige Kapital oder die Fähigkeit zur Landwirtschaft, oft genug auch die Lust dazu fehlt. Wie der Pole Srokowski [3]) sagt, sind die Vorteile der Militärsiedlung durchaus zweifelhaft. Unzweifelhaft ist, daß sie auf die weißrussische Bevölkerung einen Einfluß ausübt, der diese gegen das Polentum und den Staat feindselig stimmt.

Die polnische Agrarreform ist also als nationalitätenpolitisches Instrument in hervorragendem Maße den soziologischen Bedingungen der nichtpolnischen Landwirtschaft in Polen angepaßt. Der Landbesitz der Deutschen, der schon ohnehin durch die Annullation der Ansiedler, die Liquidationen und durch die Ausübung des Wiederkaufs- und Vorkaufsrechtes aufgelockert ist, wird bei der Parzellierung besonders stark herangezogen. — Die landarmen und teilweise landlosen Ukrainer und Weißrussen gehen bei der Zuteilung leer aus.

Es sei hier noch kurz einiger Gesetze und Verordnungen gedacht, die sich auf die Ostgebiete beziehen. Wir sprechen insbesondere von dem kleinen Häuflein der Deutschen in Wolhynien, deren Schicksal für den gesamten nichtpolnischen Osten symptomatisch ist. Nicht nur,

---

1) Nation und Staat, August 1928, S. 866.

2) Diese Angaben laut Osteuropa IV S. 211 nach Żyttja rewoljucija Nr. 4, 1928. Nach dieser Quelle fielen bis zum 1. Jan. 1923 in Wolhynien 110 914, in Polesien 133 100 ha an Militärkolonisten.

3) Sprawa narodowościowa na kresach wschodnich, Krakau 1925, S. 19.

daß ihrer bei der Zuteilung des Agrarreformlandes nicht gedacht wurde, obwohl der Durchschnittsbesitz der Deutschen, die Landeigentümer sind, etwa 8,9 ha beträgt und fast die Hälfte von ihnen sich in angefochtenen Eigentumsverhältnissn befindet oder Pächter sind und die Zahl der landlosen Familien sich auf 1113 beläuft — viel schlimmer war, daß das Gesetz vom 17. 2. 1920 in einer merkwürdigen Weise angewandt wurde. Das Gesetz behandelt die Übernahme von Grund und Boden als Eigentum des Staates in Wolhynien. Sein Art. 2 lautet: »Auf Grund dieses Gesetzes kann ebenfalls als Staatseigentum übernommen werden, Land: a) ganz, wenn es vom Eigentümer verlassen worden ist und wenn die Eigentümer oder die Rechte derselben vorweisenden Personen nicht vor dem 1. April 1921 zurückkehren.« Art. 3 verspricht das Erscheinen eines Entschädigungsgesetzes. Es erschien am 30. April 1927! Die Geschädigten erhalten nach ihm Schuldscheine des Staatsschatzes, die im Verlaufe von 10 Jahren in 10 gleichen Jahresrenten gegen Bargeld eingelöst werden können. Das Gesetz ist illusorisch, da keinem Bauern 16 bis 17 Jahre nach dem Verlust seines Landes eine Entschädigung etwas nützt. Außerdem steht fest, daß kaum ein Deutscher oder Ukrainer auch nur eine Entschädigungsrate tatsächlich bekommen hat. Der Art. 5 des Gesetzes v. J. 1921 sagt, daß die Enteigneten nach ihrer Rückkehr ein Stück Land an einer anderen Stelle als Entschädigung erhalten können. Kaum jemals ist bei einem Deutschen oder Ukrainer die Entschädigung erfolgt. Dabei muß berücksichtigt werden, daß fast die gesamte Bevölkerung Wolhyniens zwangsweise während des Krieges evakuiert wurde und es diesen Leuten oft erst nach dem 1. April 1921 möglich war, zurückzukehren. Der Rigaer Friede wurde ja erst am 18. März 1921 geschlossen!

Schlimmer noch war bis vor kurzem die Rechtslage der Pächter. Durch das Gesetz vom 20. Juni 1924 wird den ehemaligen Zinslern, ehemaligen freien Leuten und langjährigen Pächtern in den Ostgebieten das Recht zuerkannt, ihr altes Pachtland zu erleichterten Bedingungen zu kaufen und verpflichtet die Eigentümer, das Land zu verkaufen. Jedoch macht der Art. 5 folgende Vorbehalte. Nicht im Genusse des Rechtes stehen:

1. nichtpolnische Staatsbürger,
2. Pächter, die doppelte Staatsangehörigkeit besitzen oder besaßen,
3. wer seine Pacht auf dem betr. Lande über 1 Jahr unterbrach.

So konnte nach Belieben die Übereignung allen abgelehnt werden, die die Staatszugehörigkeitsbescheinigung nicht besitzen konnten, weil sie ihnen bis 1926, als Deutschen verweigert wurde. Außerdem hatten die meisten die Pacht infolge des Krieges unterbrechen müssen. Den unter diese Klauseln fallenden Pächtern wurde (jedenfalls, soweit es sich um Deutsche und Ukrainer in Wolhynien handelt) ausnahmslos das Land verweigert. 1925 und 1926 sind eine ganze Reihe deutscher Pächterkolonien exmittiert worden, weil der Pachtvertrag inzwischen abgelaufen war, wobei ihre Wirtschaften zum Teil gewaltsam zerstört wurden. Erst am 19. Dezember 1928 ist auf Drängen der Deutschen und der Sozialisten eine Gesetzesnovelle im Sejm in 3. Lesung angenommen worden, deren wichtigste Ausführungsbestimmungen am 19. April 1929 im Polnischen Gesetzblatt (Dziennik Ustaw Nr. 25) veröffentlicht wurden. Danach darf eine Pachtunterbrechung in der Zeit vom 1. August 1914 bis 31. Dezember 1923, die unabhängig vom Willen des Pächters erfolgte, kein Grund zur Ablehnung der Landübereignung sein. Ferner darf der Nachweis der Rechtsfolge im Falle fehlender Dokumente durch Zeugen erbracht werden. Somit steht zu hoffen, daß diejenigen Pächter, die schon um Hab und Gut gekommen sind, doch noch zu ihrem Rechte gelangen — außer den Unglücklichen, denen in letzter Instanz bereits auf Grund des alten Gesetzes der Übereignungsantrag abgelehnt wurde. Diese dürfen ihre Anträge nicht mehr erneuern.

Somit schreitet im Osten des Polnischen Staates die Polonisierung rein ukrainischer Gebiete fort. Ein Prozeß, der schon vor dem Kriege zu beobachten war, dessen Ursachen jedoch keineswegs in einem entsprechend größeren Geburtenüberschuß, sondern auch schon damals in einer systematischen Verdrängung der Ukrainer zu suchen sind.

Entziehung der Schankgerechtigkeit.

Es ist bisher fast ausschließlich von der wirtschaftlichen Aufreibung der ländlichen nicht-polnischen Bevölkerung gesprochen worden. Gegen die städtische Bevölkerung ist, soweit sie nicht polnisch ist, die polnische Innenpolitik keineswegs schonender vorgegangen, wenn auch hier die Methoden (wie z. B. Verweigerung der Auflassungsgenehmigung bei Gewerbetreibenden) in ihrem nationalitätenfeindlichen Charakter im ganzen weniger durchsichtig erscheinen.

Aus der Fülle von Einzelerscheinungen sei hier nur die Vernichtung des nichtpolnischen Gastwirtsgewerbes hervorgehoben, die in den ehemals preußischen Gebieten systematisch betrieben wird. Das Antialkoholgesetz vom 23. 4. 1920 und seine nachfolgenden Bestimmungen bringen die staatliche Monopolisierung geistiger Getränke und machen das Ausschankrecht alkoholenthaltender Getränke, auch das von Bier, von einer staatlichen Konzession abhängig. Einer Eewerbung um eine Neukonzession von seiten Deutscher wird in den Westgebieten regelmäßig nicht stattgegeben. Soweit Deutsche seit jeher eine Gastwirtschaft betreiben, wird ihnen die Konzession entzogen und damit ihr wirtschaftlicher Ruin herbeigeführt. In Sonderheit richten die Behörden naturgemäß ihre Aufmerksamkeit auf solche Betriebe, die gelegentlich als Versammlungsräume deutscher Vereine und Gesellschaften dienen.

So ist u. a. in letzter Zeit dem Deutschen Gemeindehaus in Graudenz, dem Deutschen Heim in Thorn und dem Deutschen Haus in Bromberg der Konsens für geistige Getränke und Bier entzogen worden, dem Zivilkasino in Bromberg und der Loge in Posen die Schankgerechtigkeit für alkoholische Getränke. Dabei ist keineswegs die Zahl der Schankstätten insgesamt verringert worden. Nicht allein, daß polnische Gastwirte nur dann Schwierigkeiten begegnen, wenn sie in ihrem Beruf untüchtig sind, vielmehr wird Bewerbungen von Nationalpolen um eine Neukonzession fast regelmäßig von seiten der Behörde stattgegeben.

In den Städten der polnischen Republik ist in den Jahren 1926 bis 1928 die Zahl der Ausschankstätten von rund 7700 auf 8700, also um 13 %, die Zahl der Bierkonzessionen gar von rund 8500 auf rund 15 500 (ohne Wojew. Schlesien) gestiegen.

Aus sozialpolitischen oder hygienischen Gründen kann in den genannten Fällen, in denen es sich ausnahmslos um saubere und ruhige Lokale handelt, der Konsens nicht entzogen worden sein. Ein charakteristischer Fall, der die eigentümliche Handhabung des Konzessionsrechtes beleuchtet, sei angeführt [1]):

In Schönberg, Kreis Karthaus in Pommerellen, gibt es nur einen einzigen Gasthof, der einem Deutschen gehört. Obwohl der Gasthof modern ausgebaut ist und einen großen Saal besitzt, wird dem deutschen Besitzer der Konsens unter der Begründung entzogen, daß die Räume seines Gasthauses nicht die für ein Gasthaus nötige Eignung aufweisen. Ein zugewanderter Pole richtete darauf in einem alten

---

[1]) Deutsche Rundschau in Polen, 10. August 1930.

Stall, unter dessen Boden sich eine abgedeckte Jauchegrube befindet, einen primitiven Ausschank ein, für den er anstandslos die Konzession erhält. Dieser Raum wird scheinbar allen hygienischen Anforderungen gerecht, obwohl er von übelsten Düften und zahllosen Fliegen angefüllt ist. Auch die Polen meiden das Lokal ihres Stammesgenossen und halten ihre Vergnügungen bei dem Deutschen ab, dem für solche Abende dann eine Tageskonzession erteilt wird. Als der Deutsche Schönberger Spar- und Darlehenskassenverein für eine Tagung in dem Lokal um eine Tageskonzession nachsuchte, wurde sie ihm verweigert.

Der Kampf gegen die Organisationen der nichtpolnischen Volksgruppen.

Neben dem Kampf gegen die Schule und den Boden der nichtpolnischen Volksgruppen wendet die polnische Nationalitätenpolitik noch besonders ihre Aufmerksamkeit den Organisationen der Nationalitäten zu, die ihre wirtschaftlichen und kulturellen Belange wahrzunehmen suchen. Ein treffliches Beispiel bietet das Schicksal des Deutschtumsbundes. Die Geschichte dieser Organisation führt bis in das Frühjahr 1918 zurück. Schon damals hatte der Herausgeber des Grenzboten, Geh. Reg.-Rat Georg Cleinow, den Gedanken eines überparteilichen Zusammenschlusses aller Deutschen in den gemischtsprachigen Teilen des damals noch deutschen Ostens zur Wahrung des deutschen Volkstums und der deutschen Kultur vertreten. Besonders in Westpreußen und im Netzedistrikt hatten sich dann als entsprechende Organisationen die Deutschen Volksräte gebildet, die um die Jahreswende 1918/19 unter dem Druck der polnischen Aufstände rasche Verbreitung fanden [1]). Die einzelnen Ortsvolksräte fanden sich zu Kreisvolksräten, diese wiederum zu Bezirksvereinigungen zusammen. Von diesen gab es zwei: den »Netzegau« mit dem Sitz in Bromberg und »Pommerellen« mit dem Sitze in Graudenz. Eine Parallelorganisation in Posen war schon vorher gegründet worden. Die Zentralleitung befand sich unter dem Namen »Deutsche Vereinigung« in Bromberg. Später erhielt die Organisation den Namen »Deutschtumsbund zur Wahrung der

[1]) Natürlich hat es nicht von seiten der Deutschen an Anfeindungen gefehlt. So wurde von den versch. Parteileitungen in Berlin die Parole ausgegeben, daß der Volksratsgedanke undurchführbar sei, weil die Parteien sich auf Weltanschauungen gründen, die unter keinen Umständen verleugnet werden dürften. So entstand als Konkurrenzorganisation die »Deutsche Zentralarbeitsgemeinschaft der politischen Parteien«.

Minderheitsrechte«. Die völkerrechtliche Grundlage für diese Vereinigung war in Art. 7 u. 8 des Minderheitenschutzvertrages und die staatsrechtliche im Art. 108 u. 109 der Polnischen Verfassung ganz eindeutig gegeben, in denen gesagt ist, daß sich die Bürger in Vereinen und Gesellschaften organisieren dürfen und daß jeder Bürger das Recht hat, »seine Nationalität zu bewahren und seine Sprache und nationalen Eigentümlichkeiten zu pflegen. Besondere staatliche Gesetze sichern den Minderheiten im Polnischen Staat die volle freie Entwicklung ihrer nationalen Eigentümlichkeiten mit Hilfe von autonomen Minderheitsverbänden öffentlich-rechtlichen Charakters im Umfange (w obrębie) der Verbände der allgemeinen Selbstverwaltung. Der Staat wird hinsichtlich ihrer Tätigkeit das Recht der Kontrolle und der Ergänzung ihrer finanziellen Mittel im Falle der Bedürftigkeit haben«. So die wörtliche Übersetzung der Polnischen Verfassung. Anders die Wirklichkeit. Die in diesen Artikeln versprochenen Gesetze, die die rechtliche Grundlage für eine Kulturautonomie wären, sind bis heute nicht erlassen worden. Dafür wurden die vorhandenen Kulturinstitutionen der Minderheiten aufs heftigste verfolgt. Der Deutschtumsbund wurde sofort mit einer besonderen Anteilnahme der Behörden bedacht. Bei den großen Internierungen gelegentlich des Bolschewisteneinfalles im Oktober 1920 wurden auch die Führer des Deutschtumsbundes festgesetzt [1]). Der spätere Abgeordnete Graebe wurde 4 Monate über die vom Reichsverteidigungsrat vorgesehene Dreimonatsfrist hinaus in Untersuchungshaft gehalten. Haussuchungen, Beschlagnahmen von Aktenstücken, eingehende Polizeiverhöre, wütende Anpöbelungen durch die polnische Presse lösten einander ab. Aus Mangel an Material konnte indessen ein Prozeßverfahren nicht eingeleitet werden. Da erließ der damalige Wojewode von Pommerellen Brejski im Mai 1923 eine Verfügung an die Starosten (Landräte) und Bürgermeister, daß wegen Übertretung des § 128 (Geheimbündelei), § 129 (Sabotage von Verwaltungsmaßnahmen) und § 132 (Anmaßung von Amtsbefugnissen) die Organisationen des Deutschtumsbundes aufzulösen seien. Es wurde nicht gesagt, worin diese Übertretungen bestehen. Im Mai und Juni wurden sämtliche Organisationen des Deutschtumsbundes in Pommerellen aufgelöst, wobei bei den damit verbundenen Haussuchungen und Beschlagnahmen auch nicht vor der Verletzung der Immunität des deutschen Senators Hasbach zurückgeschreckt wurde. Im August desselben

[1]) Vgl. oben S. 86.

Jahres ereilte dasselbe Schicksal der Haussuchungen, Beschlagnahmen (in Bromberg auch der Versiegelung der Büroräume) und der Auflösung unter Angabe der Übertretung derselben Paragraphen des Strafgesetzbuches die Organisationen des Deutschtumsbundes im Netzegau und in Posen. Eine Klage seitens des Deutschtumsbundes gegen die Auflösung ist bis zur Durchführung des Prozesses gegen den Deutschtumsbund vertagt worden. Indessen wurde die Durchführung dieses Prozesses immer wieder hinausgeschleppt. Im August 1929, also nach 6jähriger Frist, sind einige der Führer des aufgelösten Verbandes erneut in Polizeihaft genommen, jedoch teilweise gegen Kaution dann wieder freigelassen worden.

Nach mehreren Interpellationen von seiten der Deutschen, in denen auf die endliche Durchführung des Prozesses gedrungen wurde, kam er im April 1930 endlich zur Verhandlung. Unter Anklage wurden neun Herren und eine Dame gestellt, die in den verschiedenen Ortsgruppen des aufgelösten Verbandes als Vorsitzende, Geschäftsführer oder Vertrauensleute eine führende Rolle gespielt hatten. Am 17. April wurde das Urteil verkündet. Sämtliche Angeklagte wurden wegen Vergehens gegen § 129 StGB. (Teilnahme an einer staatsfeindlichen Verbindung) verurteilt, und zwar zu je 6 bis je 1 Monat Gefängnis. Zwei Angeklagte, Heidelck und Schmidt, wurden außerdem wegen Vergehens gegen § 92 Abs. 1 StGB. (Verrat von militärischen Geheimnissen) zu je 6 Monaten Festungshaft verurteilt. Die Vergehen gegen § 129 StGB. bestanden in dem Rat eines Geschäftsführers an annullierte Ansiedler, ihr Inventar zu verringern oder zu beseitigen, ehe es ihnen (wie das Ständige Internationale Gericht im Haag festgestellt hat, zu Unrecht) genommen würde; ferner in einem Schreiben einer der Angeklagten, in dem festgestellt wurde, daß Optanten als reichsdeutsche Staatsbürger zum Militärdienst im polnischen Heere nicht verpflichtet seien; des weiteren darin, daß auf den Rat eines Angeklagten in verschiedenen deutschen Volksschulen durch Aufnahme mehrerer Kinder aus anderen Orten als Hütejungen bei einigen deutschen Bauern die Mindestzahl von 40 Schulkindern künstlich zu erzielen versucht wurde, um die betreffende Schule nicht der Auflösung verfallen zu lassen.

Das Vergehen der beiden Angeklagten gegen § 92 Abs. 1 StGB. wurde gesehen in der Empfehlung an einige Deutsche, die von der polnischen Regierung außer Landes gewiesen waren, sich zwecks Beratung an die amtliche Vertretung des Deutschen Reiches zu wenden.

Außerdem hatte ein Angeklagter ein Merkblatt des deutschen Konsulats in Thorn weitergegeben, das alle ausgewiesenen Reichsdeutschen zur Meldung bei der zuständigen Vertretung des Reiches aufforderte.

Sehr bezeichnend für den Gerechtigkeitssinn der unteren Instanzen im polnischen Verwaltungsapparat und in der polnischen Justiz ist das Schicksal des Deutschen Scherff. Wir können uns bei der Darstellung dieses Falles begnügen mit der Wiedergabe einer »Interpellation des Abg. Graebe vom Deutschen Parlamentarischen Klub an den Herrn Ministerpräsidenten und den Herrn Justizminister wegen fortgesetzter Verschleppung von Prozessen« (14. Dez. 1928) [1].

»Seit dem 12. Dezember 1924 fragen wir alljährlich die Regierung in einer Interpellation an, weshalb das gerichtliche Verfahren gegen Scherff und Genossen, welches schon aus dem Jahre 1922 stammt und in welchem das Oberste Gericht (V. Kammer 47/24) am 9.5.1924 das Konitzer Urteil aufgehoben und dem Thorner Bezirksgericht zur Neuverhandlung überwiesen hatte, nicht zu Ende geführt worden wäre bzw. wann eine gerichtliche Verhandlung anberaumt werden würde.« Dann wird Scherffs Schicksal geschildert: 22 Monate habe er unschuldig in Untersuchungshaft gesessen. Längere Zeit nach Fällung des aufhebenden Urteils des Obersten Gerichts wurde er gegen Stellung einer Kaution freigelassen, um dann als Optant trotz der gestellten Kaution Anfang August 1925 zwangsweise über die Grenze geschoben zu werden, ohne daß der Prozeß zu Ende geführt worden wäre. »Auf unsere letzte Interpellation in dieser Angelegenheit am 5. Juli 1926 fand im Januar 1928 eine Gerichtssitzung statt; sie mußte ergebnislos vertagt werden, weil der Staatsanwalt erklärte, daß er das Material noch nicht beisammen hätte. Er hatte also in 6 Jahren noch keine Zeit gefunden, das s. Zt. so schwer befundene Material zu sichten, obwohl das Oberste Gericht fast 4 Jahre vorher sich schon damit befaßt hatte.«

Mit welchen Mitteln und unter welchen Vorwänden auch rein wirtschaftliche Organisationen bekämpft werden, soll ein Beispiel von der Ostgrenze der Polnischen Republik zeigen. Für die in größtes Elend geratenen deutschen Kolonisten Wolhyniens wurde 1924 und 1925 eine Deutsche Kreditgenossenschaft gegründet. Kurz vor den Wahlen zum Polnischen Parlament im März 1928 wurde sie ohne Begründung geschlossen. Ihr Leiter, der deutsche Sejmkandidat Dr. Lück, wurde eingesperrt, nachträglich wurde die Liquidierung der

[1]) Posener Tageblatt Jg. 37 Nr. 292.

Genossenschaft »wegen Einstellung ihrer Tätigkeit« beschlossen, und der Leiter der Defensivabteilung der Wolhynischen Wojewodschaftsbehörde zum Liquidator bestimmt. Der Vorstand der Genossenschaft wurde wegen Statutenüberschreitung in den Anklagezustand versetzt. Auf die Klage seitens des Vorstandes gegen den Liquidationsbeschluß hin wurde eine Anklageschrift vom 26. August 1929 [1]) gegen die Genossenschaft vorgebracht, in der es unter P. 5 heißt: »Der Vorwurf der politischen Tätigkeit des Vorstandes der Genossenschaft »Kredit-Luck« sowie der Vorwurf, zum Schaden der Genossenschaft gearbeitet zu haben (sc. kurz vorher war ein Jahresgewinn von 11 000 Zl. angemeldet worden!), stützt sich vor allem auf die Ergebnisse der polizeilichen Spitzelberichte und Ermittelungen, die der Starostei von Amts wegen bekannt sind, sowie auf die Ergebnisse der Finanzrevision, enthalten im Revisionsprotokoll, auf die Ergebnisse der Voruntersuchung und beruht auf der weitgehenden Kolonisationsaktion der Deutschen in Wolhynien, deren Ziel es ist, strategische Punkte in die Hand zu bekommen und einem fremden Staate das Wirtschaftsleben in Wolhynien betreffende Nachrichten zukommen zu lassen (sog. Wirtschaftsspionage).« Ans Lächerliche grenzt die Konstruktion der Anklage seitens des Regierungskommissars. Aus den §§ 51 und 579 (Statutenübertretung) macht er 118 und 588, was auf Bildung einer revolutionären Organisation und den Diebstahl von Kirchengütern schließen läßt. Anerkannt werden muß das Urteil des Appellationsgerichtes in Lublin, das die Ankläger mit der Aufforderung nach Hause schickte, sie möchten erst Unterlagen und Beweise für ihre Anklage erbringen. Inzwischen (Mai 1929) ist das Strafverfahren niedergeschlagen worden. Der deutschen Genossenschaftsorganisation wurde ihr 1 Jahr lang versiegeltes Lokal geöffnet und zurückgegeben und ein Einvernehmen mit den behördlichen Instanzen in Wolhynien erreicht [2]).

Keineswegs blieben diese Verfolgungen von Organisationen der Minderheiten auf nur einige Fälle beschränkt. Es wird wohl keine einzige nichtpolnische Organisation in Polen geben, die noch nicht irgendwelche Schwierigkeiten von seiten der Behörden hat in Kauf nehmen müssen. Wir beschränken uns auf die Erwähnung einiger Fälle aus der letzten Zeit, und zwar aus den verschiedensten Organisationen.

[1]) Wir zitieren nach »Nation und Staat«, März 1929. Es soll wohl heißen 1928.

[2]) Nation und Staat, Juni 1929, S. 625.

Vor allem muß hier von der Ukrainischen Prosvita gesprochen werden, die sich die Pflege des kulturellen Lebens der Ukrainer zur Aufgabe gesetzt hat. 1927 unterhielt sie zahlreiche Liebhaberbühnen, 39 Wanderbüchereien, die 117 Ortschaften mit 11989 Lesern bedienen; 2473 Lesehallen (im Laufe des Jahres 1926 war ihre Zahl allein um 453 gewachsen), von denen 623 in eigenen Gebäuden untergebracht sind (94 Gebäude waren 1927 im Bau); 1702 Büchereien, denen Lesevereine mit 117 789 Bänden und 152 593 Mitgliedern angehören. 1927 wurden 1978 Volksvorträge und 55 Kurse für Analphabeten veranstaltet [1]).

Fast alle diese Einrichtungen wurden seit dem Jahre 1923 geschaffen. Was vordem bestand und den Krieg überdauert hatte, wurde von den Polen in der Zeit der Nachkriegskämpfe vernichtet und das Vermögen beschlagnahmt. Auch jetzt ist die Prosvita den Verfolgungen der Behörden ausgesetzt. Erst im April und Mai 1928 wurden alle Lesehallen in Stadt und Land Kowel, Sluck und Wladimir-Wolynsk aufgelöst. Desgleichen waren Anfang 1928 im Kreise Dubno über 100 ukrainische Lesehallen unter dem Vorwande, sie hätten staatsfeindliche Propaganda getrieben, geschlossen worden [2]).

Weitverbreitet unter den Ukrainern sind Feuerwehrvereine mit dem besonderen Ziel kultureller und sportlicher Ertüchtigung ihrer Mitglieder. Diese sogenannten Sokol- und Luhvereine wurden in Wolhynien und im Cholmer Land überhaupt verboten. Eine Zentralstelle in Lemberg wurde erst im J. 1927 genehmigt. An den Gymnasien bestehen ukrainische Pfadfinderorganisationen, die »Plast« heißen. Am 13. Mai 1929 fanden Haussuchungen der polnischen Polizei bei Mitgliedern dieser über die ganze Welt verbreiteten Jugendorganisation in Sambow statt. Am ersten Tag wurden 30 Schüler verhaftet, am folgenden 100 weitere. Es wurde ihnen vorgeworfen, sie seien eine geheime Organisation und sie hätten außerhalb der Stadt Wanderungen und Spiele veranstaltet. Die Aktion der polnischen politischen Polizei wird verständlich, wenn man die Vorgeschichte kennt. Das Lemberger Schulkuratorium hatte die Organisation für Sambor unter der Bedingung erlaubt, daß sich die ukrainischen Pfadfinder der polnischen militärischen Jugendorganisation Hufiec unterstellten. Die Ukrainer weigerten sich. Die Folgen waren: Haussuchungen, Verhaftungen, Einleitung einer Untersuchung seitens des

[1]) Natio I 1, S. 74.

[2]) Nation und Staat, Januar 1928, S. 360. Ukraine unter Fremdherrschaft a. a. O. S. 28.

Staatsanwalts, während deren Dauer den Beteiligten der Schulbesuch untersagt wird. Ähnliche Dinge spielten sich fast gleichzeitig in Pozowa und Brzeziany ab. Dort wurden als verdächtiges Material ukrainische Jugendschriften, Gesangbücher und einige Exemplare einer ukrainischen Jugendzeitschrift Molode Zyttja (Junges Leben) beschlagnahmt [1]).

Gelegentlich der letzten Parlamentswahlen im November 1930 wurden alle ukrainischen Organisationen durch polnisches Militär gewaltsam aufgelöst. Die Zahl der dabei verbrannten Büchereien und zerstörten Lesehallen läßt sich noch gar nicht feststellen. Jedenfalls steht fest, daß, um die gewünschten Wahlergebnisse zu erzielen, Hunderte von Ukrainern gefoltert und getötet wurden.

In diesem Zusammenhang sei erwähnt, daß vor Jahren in Posen, Thorn und Bromberg bei Angehörigen deutscher Jugendorganisationen neben Zeitschriften auch Liederbücher, wie der Zupfgeigenhansel, in einem Falle sogar Goethes Faust beschlagnahmt und trotz mehrerer Reklamationen bis heute nicht zurückgegeben wurden. Im Oktober 1929 wurden wiederum in verschiedenen Städten Westpolens, vor allem in Bromberg, deutsche Pfadfinder, Turner beiderlei Geschlechts und Mitglieder der Deutschen Jungenschaft in Polen polizeilich vernommen und in ihren Wohnungen Haussuchungen abgehalten. Die jungen Leute wurden verdächtigt, in Deutschland eine militärische Ausbildung im Sommer 1929 erfahren zu haben. In Wirklichkeit handelte es sich um die Teilnahme an einem Bundestreffen der deutschen Pfadfinder zu Pfingsten bei Potsdam, um einen Turnkursus der Deutschen Turnerschaft in Berlin, der vom 15.—27. Juli 1929 stattfand, und um einen Sportkursus für Leichtathletik in Danzig im August 1929. Besonders von den jungen Mädchen versuchte man in dem Verhör das Geständnis zu erreichen, daß sie mit chemischen Kriegführungsmitteln vertraut gemacht worden seien.

Ende April 1930 wurde vier jungen Männern aus diesen Organisationen in Bromberg der Prozeß gemacht, der unter Ausschluß der Öffentlichkeit verhandelt wurde. Ein Entlastungszeuge, der aus England eigens herbeigeeilt war und der als einer der besten ausländischen Kenner der deutschen Jugendorganisationen gilt, wurde nicht gehört. Der Gerichtshof erkannte drei der Angeklagten der Geheimbündelei für schuldig. Außerdem wurde einer der Angeklagten der beabsichtigten Spionage und die beiden übrigen der unerlaubten Überschreitung der

[1]) Nation und Staat, Juli 1929, S. 696.

Grenzen des Staates für schuldig befunden. Das Urteil lautete für den ersten Angeklagten auf 1 Jahr Gefängnis, für den zweiten auf drei Monate Gefängnis und 1200 Zl. Geldstrafe (bzw. im Nichteintreibungsfalle auf 60 Tage Haft) und für den dritten auf 3 Monate Gefängnis und 800 Zl. Geldstrafe (bzw. 14 Tage Haft).

Die Geheimbündelei wurde in der ideellen Arbeitsgemeinschaft gesehen, die der deutsche Pfadfinderbund und die deutsche Jungenschaft in Polen mit den Bruderverbänden im Reich eingegangen seien, deren Zwecke und Ziele nach Ansicht des Gerichts geheimgehalten werden.

Das Vergehen der illegalen Ausreise wurde darin gesehen, daß die Angeklagten mit Hilfe eines gültigen polnischen Personalausweises auf legale Weise zwar die polnisch-Danziger Grenze überschritten hätten, aber nach Ansicht des Gerichts auf illegale Weise die Danziger-deutsche Grenze.

Die beabsichtigte Spionage wurde in dem Versuch des Angeklagten (Dr. Burchard) gesehen, Daten über Zahl und Art der Ansässigkeit Deutscher im ehemaligen Kongreßpolen, über ihren wirtschaftlichen und kulturellen Stand sowie über ihre Einstellung gegenüber der übrigen Bevölkerung systematisch zu sammeln; Daten, die nach Ansicht des Gerichts im Interesse des Staates geheimzuhalten waren. Wohlgemerkt, diese Untersuchung ist von dem Angeklagten niemals durchgeführt, sondern nur beabsichtigt worden. Gegen die Urteile wurde Berufung eingelegt.

Ein dritter politischer Prozeß gegen Deutsche kam am 23. Mai 1930 in Ostrowo zum Abschluß. Der Landwirt Emil Neumann erhält für Vergehen i. S. der Art. 6 u. 9 der Verordnung vom 20. Juni 1920 drei Monate und 15 Tage Gefängnis, ein zweiter Angeklagter, Wanderlehrer Wolski, die gleiche Strafe wegen Vergehen gegen Art. 5 Ziff. 1 der Verordnung des Staatspräsidenten vom 16. 2. 1928. Neumann hatte sich ohne Erlaubnis der Starostei (Landratsamt) in der 2-km-Grenzzone aufgehalten und eine Notiz über die Fertigstellung des Bahnhofs Suschen veröffentlicht, die von dem Zensor nicht beanstandet worden war. Das Material für diese Notiz hatte der Angeklagte polnischen Zeitungen entnommen. Wolski soll Nachrichten gesammelt haben, die im Staatsinteresse geheimzuhalten waren. Diese Nachrichten waren statistische Notizen über seine Volksgenossen. Auch gegen dieses Urteil wurde Berufung eingelegt.

Am 1. November 1928 fand anläßlich der Erinnerungsfeier an die Entstehung der westukrainischen Volksrepublik in Lemberg ein

Ukrainerpogrom statt, an dem sich Polizei, Militär und Studenten beteiligten und wobei die Einrichtungen der Ukrainischen Kulturvereinigung Prosvita samt Druckstöcken, Papier und Maschinen der Ukrainischen Tageszeitung »Dilo« vernichtet wurden. Desgl. brach man in eine Ukrainische Kunstausstellung, in das Ukrainische Studentenheim, eine Ukrainische Genossenschaft und mehrere ukrainische Geschäfte ein, die zerstört und geplündert wurden [1]).

Im März 1929 wurde in Lemberg die Ukrainische Studentenvereinigung mit sofortiger Wirkung wegen angeblicher Überschreitung ihrer Statuten aufgelöst.

Unter den obwaltenden Umständen ist es nicht weiter verwunderlich, wenn die unterdrückten ukrainischen und weißrussischen landlosen und arbeitslosen Landarbeiter und Bauern durch die geschickte sowjetistische Minderheitenpolitik beeinflußt werden, die den Ukrainern und Weißrussen besonders an der polnischen Grenze verhältnismäßig viel Freiheit läßt und auch mancherlei Unterstützungen bietet. Darum ist der Kommunismus unter den östlichen Nationalitäten in Polen ziemlich weit verbreitet, ein Kommunismus jedoch, den man nicht für marxistisch und anational halten darf. Hinzukommt (wir erinnern an den Brief des weißrussischen Lehrers), daß die polnischen Behörden alle nationalen Bestrebungen der Weißrussen und Ukrainer mit Vorliebe kommunistisch nennen, um von dem ahnungslosen Westeuropa wegen ihrer östlichen Nationalitätenpolitik womöglich als wachsamer Vorposten gegen den Bolschewismus noch gelobt und unterstützt zu werden.

Fast alle politischen Prozesse, die in den östlichen Wojewodschaften unter der Überschrift »Kommunistenprozesse« stattfinden, sind als nationalitätenpolitische gegen die sehr nationalbewußten Ukrainer oder die zum Nationalbewußtsein erwachenden Weißrussen zu verstehen. Ihr Kommunismus ist nichts als die Sehnsucht nach weniger fürchterlichen Zuständen und nach mehr Freiheit für ihr nationales Eigenleben.

Am 10. Januar 1927 wurde in Luck in einem der größten politischen Prozesse, die in Polen bis heute stattfanden, über 151 Mitglieder der Kommunistischen Partei der Westukraine das Urteil gefällt:

---

[1]) Ein erschütterndes Bild dieser Vorgänge bietet die mit Photographien versehene »Denkschrift der Ukrainischen Studentenschaft an die gesamte Kulturwelt« Genf-Prag, 1929, herausg. v. der Organisierten Ukr. Studentenschaft in deutscher, englischer, französischer und ukrainischer Sprache.

9 Angeklagte erhielten lebenslängliches Zuchthaus, 4 Angeklagte 14 Jahre Gefängnis, 16 Angeklagte 12 Jahre Gefängnis, 39 Angeklagte 10 Jahre Gefängnis, 60 Angeklagte 4 Jahr Gefängnis, 19 Angeklagte wurden freigesprochen. Insgesamt wurden 1000 Jahre Gefängnis verhängt. Bemerkenswert ist, daß nur 11 Angeklagte ihre Zugehörigkeit zur kommunistischen Partei zugegeben hatten. Den Angeklagten wurde zur Last gelegt, einen bewaffneten Aufstand gegen Polen vorbereitet zu haben mit dem Ziel, Ostgalizien, Wolhynien, Podlesien, Polesien und das Cholmer Land von Polen loszutrennen und der Sowjetukraine anzugliedern [1]).

Von den berühmtesten politischen Prozessen gegen die Weißrussen sei der vom Juni 1928 in Bialostok erwähnt, in dem 89 Mitglieder der weißrussischen kommunistischen Partei mit Gefängnis von 1—8 Jahren verurteilt wurden, und dann der berühmte Chromada-Prozeß. Die Chromada, eine weißrussische Bauern- und Arbeiterpartei, wurde 1924 von den aus dem weißrussischen Sejmklub ausgetretenen Abgeordneten Taraszkiewicz, Rak-Michailowski, Woloszyn und Miotla gegründet. Bis 1927 war diese Organisation auf einige 100 000 Mitglieder angewachsen. Die Verhaftung der 56 weißrussischen Führer dieser Partei erfolgte z. T. bereits im Januar 1927. Damals wurde trotz Immunität Taraszkiewicz mit seinen Parteigenossen verhaftet. Erst Monate später erfolgte die Aufhebung der Immunität der Abgeordneten durch den Sejm [2]). Vorgeworfen wurde der Chromada, daß sie als politisches Ziel die Einführung der Diktatur des Proletariats habe, daß sie versucht habe, einen gewaltsamen Anschluß der polnischen Ostgebiete an Rußland zu bewerkstelligen, daß sie Spionage zugunsten der Sowjetunion getrieben habe und daß Mitglieder der Chromada einen Spitzel der politischen polnischen Polizei ermordet hätten [3]). Zugegeben wurde nur, daß, um ein Druckmittel zur Herbeiführung kultureller und wirtschaftlicher Erleichterungen zu erhalten, eine taktische Verbindung mit den Sowjetinstanzen bestanden habe. Am 22. Mai 1928 wurde von dem Wilnaer

[1]) Natio I 3/4, S. 134.

[2]) Der polnische Senator Woźnicki von der Wyswolenje-Partei, der bei der Abfassung des Textes der Polnischen Konstitution mitbeteiligt war, sagte damals, daß die Verhaftung der Abgeordneten ohne vorherige Anhörung des Sejm mit der Poln. Konstitution unvereinbar sei. Nur im Falle einer Flucht nach dem Ausland eines Abgeordneten, der ein gemeines Verbrechen begangen habe, wie Diebstahl, Mord, Totschlag, dürfe ein Abgeordneter verhaftet werden, ohne vom Sejm ausgeliefert zu sein. D. Rundsch. i. Pol. 20. 1. 27.

[3]) Frankfurter Ztg. v. 24. 2. 28.

Bezirksgericht das Urteil verkündet. Von 56 Angeklagten sind verurteilt worden:

die 4 Abgeordneten zu je 12 Jahren Zuchthaus
(Hochverrat in Tateinheit mit Spionage),
33 zu Zuchthausstrafen von 3—8 Jahren.
Insgesamt wurden 212 Jahre Zuchthaus verhängt.
19 Angeklagte wurden freigesprochen.

Gegen das Urteil wurde Berufung eingelegt. Im März 1929 kam der Prozeß zur erneuten Verhandlung. Interessant ist, daß es infolge der Kritik, die auch die Regierungspresse an den Urteilen der Vorinstanz geübt hatte, diesmal zu milderen Urteilen kam. Die 4 Abgeordneten und 2 weitere Führer erhielten je 6 Jahre Zuchthaus, 11 weitere Angeklagte, die in erster Instanz Zuchthausstrafen von 3—8 Jahren erhalten hatten, bekamen jetzt je 2 Jahre Gefängnis. 7 in erster Instanz Verurteilte wurden jetzt ganz freigesprochen. Als während des Prozesses weißrussische Gymnasiasten zugunsten der Angeklagten demonstrierten, wurden ihrer 40 von der Anstalt verwiesen.

Weitere Prozesse gegen »kommunistische« Weißrussen fanden im April und September 1929 statt. In dem Aprilprozeß, der in Bialostok vor sich ging, wurde gegen Mitglieder der illegalen kommunistischen Partei Weißrußlands in Polen verhandelt. 5 Angeklagte erhielten am 30. April 12, 4 je 10, 2 je 8, 5 je 6, weitere 2 je 4 und 5 je 3 Jahre Zuchthaus bzw. Besserungsanstalt. 7 Angeklagte wurden freigesprochen. In dem Septemberprozeß standen 36 Mitglieder der kommunistischen Partei für das westliche Weißrußland vor der Anklagebank des Bezirksgerichtes in Lida. Die Anklagen sind die bekannten: Hochverrat und Abtrennungsabsichten. 22 Angeklagte erhielten 4—6 Jahre Zuchthaus, 9 wurden freigesprochen, der Rest zu kleineren Freiheitsstrafen verurteilt.

Ein ähnlicher Prozeß fand im Mai 1929 vor dem Appellationsgericht in Wilna gegen 28 Litauer statt. Diesen wurde zur Last gelegt, in den Jahren 1919 und 1920 der Organisation der Schaulissen beigetreten zu sein, einer Organisation, die sich zum Ziele gesetzt habe, das Gebiet von Suwalki von Polen abzutrennen. Vernünftigerweise schloß sich das Gericht nicht der Meinung des Staatsanwaltes, sondern der der Verteidigung an, die ausführte, daß das Gebiet damals ja noch gar nicht zu Polen gehört habe. Die Angeklagten wurden freigesprochen. Wir erwähnen diesen Prozeß wegen der Eigenart der Anklage.

Am 20. Mai 1930 wurde von dem Bezirksgericht in Wilna der weißrussische Abgeordnete Walnickij zu zwei Jahren Gefängnis verurteilt, weil er während der Verhandlungen im Hromada-Prozeß gelärmt und aufreizende Reden gegen die Staatsgewalt gehalten hatte. Ein anderer Weißrusse erhielt 15 Jahre Gefängnis, weil er auf dem Gebiet Polens Banden organisiert hatte, die die Abtrennung polnischer Gebiete anstrebten.

Am gleichen Tage wurde in Lublin ein Prozeß gegen 7 Spitzenmitglieder der Selrob-Einheit, einer ukrainischen politischen Partei, zu Ende geführt. Drei Angeklagte wurden zu je 6 Jahren Zuchthaus, weitere drei zu je vier Jahren Zuchthaus und ein Angeklagter zu zwei Jahren Zuchthaus verurteilt sowie sämtlichen Angeklagten die bürgerlichen Ehrenrechte abgesprochen, weil sie unter dem Deckmantel ihrer Partei eine umstürzlerische Tätigkeit gegen den polnischen Staat getrieben hätten. Am 13. 6. 1930 wurden in Lemberg drei jugendliche Kommunisten wegen Ausgabe und Kolportage kommunistischer Schriften des Hoch- und Staatsverrates für schuldig befunden und zum Tode verurteilt. Am 4. Juni 1930 wurden drei weißrussische Gymnasiasten vom Bezirksgericht in Wilna wegen Zugehörigkeit zur kommunistischen Partei West-Weißrußlands zu je 6 Jahren Zuchthaus verurteilt.

Ein großer Prozeß gegen 17 Mitglieder ukrainischer Militärorganisationen in Ostgalizien fand am 28. Juni 1930 seinen Abschluß. Die Angeklagten sollen terroristische Anschläge durch Bombenwürfe organisiert haben, wobei in dem einen Falle bei dem Attentat auf die Lemberger Ostmesse eine Beamtin schwer verletzt wurde. Ein Angeklagter wurde zum Tode, vier weitere Angeklagte zu je 4 Jahren Zuchthaus, zwei zu je 3 Jahren Zuchthaus und ein Angeklagter zu 4 Jahren Gefängnis verurteilt. Die übrigen Angeklagten wurden freigesprochen. Die Verteidigung legte gegen die Urteilssprüche Berufung ein.

Es erscheint bei der allgemeinen Unkenntnis der wahren Zustände in Polen angebracht, mit ein paar Worten auf die unverhältnismäßig hohe Zahl der politischen Gefangenen in Polen einzugehen, da es sich hier ja fast ausnahmslos um Vertreter der Minderheiten handelt. Von ukrainischer Seite [1]) wird die Zahl der politischen Gefangenen für 1927 mit 6 000 angegeben, die Zahl der politischen

[1]) Die Ukraine unter Fremdherrschaft a. a. O. S. 41. Ähnliche Ziffern nannte der ukr. Abg. Kozubski am 5. 2. 27 im Sejm.

Prozesse für dieses Jahr mit 100, die der Verurteilten mit 988. Zum Tode seien von diesen 6, zu lebenslänglichem Zuchthaus 18 verurteilt worden. Nach einem Schreiben der Polnischen Gesandtschaft in Berlin an die Deutsche Liga für Menschenrechte vom 8. April 1927, in das Einsicht zu nehmen uns ermöglicht wurde, befanden sich am 1. Januar 1927 »in den dem Justizministerium untergeordneten Gefängnissen 1987 politische Gefangene, darunter 450 ukrainischer Nationalität, 370 Untersuchungsgefangene und 80 politische Strafgefangene«. Wie wir wissen, gibt es auch noch Gefängnisse, die dem Innenministerium und den Kommunen unterstehen. Aber auch diese von den offiziellen Stellen zugestandenen Zahlen genügen, um Polens Unfähigkeit in der Behandlung der Nationalitäten zu erweisen. Die Absichten sind deutlich. Den unter dem Druck der polnischen Terrorpolitik zu stärkstem nationalem Eigenbewußtsein erwachenden Ukrainern und Weißrussen sollen ihre Führer genommen werden.

Es gibt sehr klare Anzeichen dafür, daß diese politischen Gefangenen in den Gefängnissen systematisch körperlich und seelisch zermürbt werden. Als bei dem erwähnten Prozeß gegen 35 Mitglieder der Kommunistischen Partei Westweißrußlands von dem Vertreter der Anklage erwähnt wurde, daß der Angeklagte Rajchmann inzwischen im Arrest gestorben sei, rief ein anderer Angeklagter in den Saal: »Es ist nicht wahr. Er wurde ermordet«. Gerade in letzter Zeit gingen des öfteren Nachrichten durch die Presse, daß politische Gefangene in den Hungerstreik getreten seien oder gar Selbstmord verübt hätten [1]). Wir ließen uns in den Ostgebieten (Wolhynien) von Personen, die es selbst erlitten haben, grauenhafte Dinge von fürchterlichen Folterungen und dergl. erzählen. Wir bringen eine authentische Schilderung eines Falles aus den Westgebieten, der aus der letzten Zeit stammt und den wir der Interpellation des deutschen Abg. Graebe [2]) vom 14. 12. 28 entnehmen. Der Geschäftsführer des Deutschen Sejmbüros in Ostrowo wird verhaftet, kommt als Untersuchungsgefangener in eine Zelle, die voller Wanzen und ohne

---

[1]) Wir zitieren eine Zeitungsnotiz vom 25. 8. 29 (Deutsche Rundschau i. P.): Die politischen Häftlinge in 3 Warschauer Gefängnissen, insgesamt etwa 200 Personen, haben am 20. d. Mts. einen Hungerstreik begonnen zum Zeichen des Protestes gegen die schlechte Behandlung der politischen Gefangenen. In letzter Zeit gab es Aufruhr in den Gefängnissen in Lublin (am 1. 8.) und in Kielce (am 13. d. Mts.), wobei zahlreiche politische Häftlinge verletzt und einige getötet wurden«.

[2]) Posener Tageblatt Jg. 67 Nr. 290 und 292.

Fensterscheiben ist, wird vor dem Schlafengehen zur Abgabe seiner Kleidung gezwungen, so daß er die Nacht nackt zubringen muß; er muß mit Strafgefangenen Aborte reinigen und mit Geschlechtskranken zusammensein. Nach 6 Monaten wird er entlassen, weil keine Schuldbeweise vorliegen, die seine Verhaftung rechtfertigen könnten [1]). Um die bereits aufmerksam werdende Welt zu beruhigen, kam am 15. Juni 1928 im Sejm ein Amnestiegesetz durch. Es ist geschickt genug gemacht, um den gefangenen Führern der Weißrussen und Ukrainer die Freiheit zu versagen, denn unter die Amnestie fallen nicht diejenigen Vergehen, welche hochverräterischen Bestrebungen dienen. Für die übrigen politischen Gefangenen sieht die Amnestie einen Erlaß von einem Drittel der Haftstrafe vor, aber nur in dem Falle, wenn das Vergehen vor dem 1. Mai 1926 begangen war und die Strafe 4 Jahre nicht übersteigt. Es unterliegen der Amnestie also nicht alle die in den oben erwähnten letzten großen Prozessen Verurteilten.

Der Kampf gegen die Kirchen der nichtpolnischen Volksgruppen.

Wir glauben Polens Kampf gegen drei der wichtigsten Lebensgrundlagen eines Volkes ohne staatliches Eigenleben aufgezeigt zu haben. Den Kampf gegen die Sprache der fremden Nationalitäten versuchten wir zu erhellen durch die Darstellung der rechtlichen und tatsächlichen Lage des Schulwesens,

den Kampf gegen den Grundbesitz durch Klarstellung der Verdrängungspolitik der Deutschen und der polnischen Kolonisationsbestrebungen im Osten und Westen,

[1]) Eine Sammlung von authentischen Berichten von politischen Gefangenen in Polen bringt das Buch »Der weiße Terror in Polen«. Erstmalige Veröffentlichung . . . über die Justizbarbarei im heutigen Polen. Berlin, Neuer deutscher Verlag, o. J. Außerdem berichtet hierüber die Schrift: Pour la liberté des peuples opprimés par la Pologne. Trois Documents. Paris, Edition du Comité des Peuples Opprimés (Ukrasinien, Bialorussiens, Lithuaniens) (ohne Jahr). Ein weißrussischer Antrag, der als Sejmdruck Nr. 1785 veröffentlicht worden ist, berichtet ebenfalls von unmenschlichen Folterungen weißrussischer Bauern. Es ist unmöglich wörtliche Auszüge zu bringen. U. a. wird von dem Lehrer Sylvester Bieganski berichtet, der mehrmals nackt gefesselt, mit aus Telephondraht geflochtenen Ruten bis zur Besinnungslosigkeit geschlagen wurde. Am 20. Dez. 24 wurde er an den Geschlechtsteilen gefoltert, vom 31. Dez. heißt es, man schlug ihn auf die Fußsohlen, den Hals, in die Hüften und riß ihn an den Haaren. Dann wollte man das Fenster herausbrechen und Bieganski erschießen, um so vorzutäuschen, daß er einen Fluchtversuch unternommen habe. Der Verhaftete flehte, ihm einen Revolver zu geben. Er werde sich selber das Leben nehmen. »Stasik zeigte ihm tatsächlich einen Revolver, doch als der Gefolterte den Lauf gegen seine Brust richtete, versagte der Revolver, weil er nicht geladen war. Es brach ein Gelächter der Henker aus, und darauf setzte eine rohe Marterung des Verhafteten ein«. Diese Folterungen wurden von den Bataillonen des Grenzschutzes ausgeübt.

den Kampf gegen die Organisationen der nichtpolnischen Volksgruppen durch Anführung von Beispielen aus der Geschichte einiger Minderheitenorganisationen.

Mit einigen Worten wenigstens soll noch auf die polnische Politik gegen die Kirchen der fremden Nationalitäten eingegangen werden.

Das Konkordat zwischen dem Apostolischen Stuhl und der Republik Polen vom 10. 2. 25 [1]) hält sich zwar im wesentlichen in dem Rahmen, der auch in anderen vergleichbaren Staaten gewahrt worden ist, kann jedoch bei einseitiger und tendenziöser Handhabe durch den polnischen Staat zu einer Waffe gegen die Angehörigen der katholischen Kirche, soweit sie nicht Polen sind, d. h. also gegen Teile der weißrussischen, ukrainischen, litauischen und deutschen Nationalität mißbraucht werden. Die in unserem Zusammenhang wichtigsten Artikel sind Art. 11, 12, 20 und 22. Im Art. 11 wird versichert: »Seine Heiligkeit ist bereit, vor der Ernennung von Erzbischöfen, Bischöfen, Koadjutoren mit dem Rechte der Nachfolge sowie des Armeebischofs sich an den Präsidenten der Republik zu wenden, um sich zu vergewissern, daß der Präsident gegen diese Ernennung keine Einwände politischer Natur vorzubringen hat«.

Im Art. 12 wird der Wortlaut des Treueides festgelegt, den die oben erwähnten Ordinarien der Republik Polen zu leisten haben. Es heißt darin zum Schluß: »Ferner schwöre und verspreche ich, keinen Vereinigungen beizutreten oder an Beratungen teilzunehmen, die dem Polnischen Staate oder der öffentlichen Ordnung schaden könnten. Ich werde meinem Klerus die Teilnahme an solchen Veranstaltungen nicht gestatten. Besorgt um das Wohl und die Interessen des Staates, werde ich jede Gefahr zu beseitigen trachten, von der ich weiß, daß sie ihm droht«.

Wichtig ist auch der Art. 20, der den Behörden der Republik Polen das Recht gibt, »gegen eine kirchliche Persönlichkeit wegen ihrer die Sicherheit des Landes gefährdenden Tätigkeit Klage zu führen«. Der Minister hat innerhalb von 3 Monaten im Einvernehmen mit dem Diözesanbischof eine den Umständen entsprechende Entscheidung zu treffen. Kann eine Übereinstimmung nicht erzielt werden, so wird die Streitfrage vom Heiligen Stuhl »zweien von ihm ernannten kirchlichen Personen übertragen, die zusammen mit 2 Delegierten des

---

[1]) Grentrup, »Die kirchliche Rechtslage der deutschen Minderheiten katholischer Konfession in Europa«. Berlin. 1928. S. 233 ff.

Präsidenten der Republik eine endgültige Entscheidung zu fällen haben«.

Der Art. 22 versichert: »... Bei Verhaftungen oder Gefangennahme der obengenannten Persönlichkeiten haben die Zivilbehörden jene Rücksichten zu nehmen, die sie dem Stande und dem hierarchischen Grade derselben schulden. Gefängnisstrafen verbüßen die Geistlichen und Ordensleute in Räumen, die von denen der Laien getrennt sind, wenn sie nicht etwa vom zuständigen Bischof ihrer kirchlichen Würde entkleidet worden sind. Werden sie durch richterlichen Spruch verurteilt, so verbüßen sie diese Strafen in einem Kloster oder in einem anderen religiösen Hause an Orten, die dazu bestimmt sind«.

Schon diese kleinen Ausschnitte zeigen, daß den Bischöfen weitgehende Kompetenzen zustehen, daß vor Ernennung der Bischöfe jedoch eine Befragung der Polnischen Republik nötig ist. Der Polnische Staat, der die Rolle der Geistlichkeit im Volke immer zu schätzen wußte, wird mit Nachdruck darauf sehen, daß die maßgebenden Stellen von Personen besetzt werden, die ihm ergeben sind und im Sinne seiner Politik zu wirken vermögen.

In der Wirklichkeit des Nationalitätenkampfes zeigt sich, welche Möglichkeiten das Konkordat bietet.

In Wilna sitzt der nationalistische Pole Jalbrzykowski als Erzbischof. Er sorgt mit Nachdruck dafür, daß in den ihm unterstehenden weißrussischen Gemeinden der Gottesdienst und die Andachten in polnischer Sprache gehalten werden. Weißrussische Pfarrer werden in polnische Gemeinden versetzt und dafür nationalpolnische Geistliche in weißrussische Gemeinden gezogen. Am 12. Dez. 1928 veröffentlichte Jalbrzykowski einen Erlaß, demzufolge den weißrussischen Katholiken die Zugehörigkeit zur Christlich-demokratischen Weißrussischen Partei sowie das Lesen ihres Organs »Bialoruskaja Krynica« verboten wurde. Abonnenten dieser verbotenen Zeitschrift wurden gelegentlich aus der Kirche entfernt [1]). Versucht ein weißrussischer Geistlicher, für die Belange seines Volkes einzutreten, so wird er strafversetzt. So erging es beispielsweise dem weißrussischen Volksführer und Propst St. Szutowicz, der außerdem noch zum Vikar degradiert wurde. Der weißrussische Pfarrer W. Godlewski wurde wegen politischer Vergehen zu 2 Jahren Gefängnis verurteilt. Ent-

[1]) Memorandum des weißrussischen parlamentarischen Klubs in Nation und Staat, März 1930, S. 409.

gegen der Bestimmung in Art. 22 des Konkordats kam Godlewski nicht in ein Kloster oder einen entsprechenden Ort, sondern in das Warschauer Gefängnis [1]).

Hervorgehoben sei ein Hirtenbrief vom Dezember 1927, der — zwar nicht von allen Bischöfen unterzeichnet — zugunsten der nationalitätenfeindlichen Nationaldemokratie vor den Wahlen im Jahre 1928 zum polnischen Parlament ganz eindeutige Wahlpropaganda machte. In entsprechender Weise wird den wenigen katholischen Geistlichen deutscher Nationalität das Leben schwer gemacht. So wurde, um dies an einem Beispiel zu illustrieren, am 6. Dezember 1927 der römisch-katholische Propst Hacker aus Stargard zu 300 Zl. Geldstrafe verurteilt, weil er durch angeblich tendenziöse Auslegung eines ihm von den kirchlichen Behörden zur Verlesung vor den Parochien übersandten Aufsatzes Staatseinrichtungen verächtlich gemacht habe. Erwähnt sei auch das Verbot der Kandidatur für den ehem. deutschen Abg. Domherrn Klincke zu den Sejmwahlen 1928, das der Posener Erzbischof erließ. Später erst wurde das Verbot, nachdem die Öffentlichkeit aufmerksam geworden war, auf die ganze Diözese erweitert.

Das endgültige Urteil über die politischen Auswirkungen des Konkordats wird erst die Zukunft ermöglichen. Rom muß ein naheliegendes Interesse daran haben, der in Polen mehr als sonst drohenden Verquickung religiöser und chauvinistischer Gedankengänge entgegenzuwirken und darüber zu wachen, daß sein Vertrag mit der neuen Republik nicht Tendenzen dienstbar gemacht wird, die dem wirklichen religiösen Interesse auf die Dauer nicht dienen, sondern schaden würden. Die oben angeführten Beispiele aus der polnischen Politik der katholischen Kirche gegenüber müssen als Ausschnitte aus der Jahrhunderte alten Tragödie des nichtpolnischen Katholizismus in Polen verstanden werden; früher schon und heute wieder besonders wird die Monopolisierung der geistlichen Ämter für die polnische Nationalität angestrebt. Hunderte und Tausende von litauischen, weißrussischen und ukrainischen und nicht zuletzt deutschen Dörfern wurden durch den Umweg über die katholische Konfession in die Arme des Polentums geführt. Heute kann man vielleicht am deutlichsten diesen Vorgang bei den katholischen Deutschen Galiziens studieren, die keinen einzigen Geistlichen ihrer Nationalität haben und wo wir selbst auf katholische Dörfer trafen, in denen alle Bewohner rein deutsche Namen tragen, aber nur noch

[1]) Natio I 2/3, S. 148.

die Großväter und Großmütter sich mittels der deutschen Sprache zu verständigen vermögen [1]).

Dieser Prozeß hat seine seelische Fundierung im polnischen Nationalismus, der die katholische Kirche stets für sich als die eigentliche polnische in Anspruch nahm. Die Anschauung hat ihren sinnfälligsten Ausdruck im Messianismus gefunden. Nachdem schon im XVII. Jahrhundert bei Kochowski (1631—90), in dessen »Polnischer Psalmodie« sich aus der Selbstanklage und der Trauer über das Polnische Volk und seinen Untergang der Glaube anbahnt, daß das polnische Volk zu etwas Besonderem auserwählt sei, und Kazimir Brodzinski (1791—1835) sein Volk den Kopernikus unter den Völkern nennt, gibt diesem Glauben Polens größter Dichter Adam Mickiewicz (unter dem Einfluß des Litauers Towianski) den klassischen Ausdruck. Bisher seien nur einzelne Menschen ausersehen worden, für das Christentum Märtyrer zu sein. Jetzt sei es ein Volk, nämlich das polnische. Die Mission des polnischen Volkes bestehe in der Unvermeidbarkeit seines Todes und seiner Auferstehung [2]).

Die übrigen Bekenntnisse sind somit von vornherein auf eine zweitrangige Stufe herabgedrückt. Seinen Rechtsniederschlag hat die Erstrangigkeit des römisch-katholischen Bekenntnisses durch die Tatsache des erwähnten Konkordats wie auch in der Polnischen Verfassung gefunden. Der Art. 114 Abs. 1 lautet: »Das römisch-katholische Bekenntnis als Religion der überwiegenden Mehrheit des Volkes nimmt im Staat die Hauptstellung unter den gleichberechtigten Bekenntnissen ein«. Zwar wird dann gleich im nächsten Artikel ver-

[1]) Es sei in diesem Zusammenhang an die Rolle der polnischen katholischen Geistlichkeit z. Zt. der preußischen Herrschaft in Polen und Westpreußen erinnert. Nach Bernhard (»Die Polenfrage« S. 373) waren katholische Geistliche polnischer Nationalität in Posen und Pommerellen in Genossenschaften tätig:

Im J. 1906	145	Geistliche	in	110	Genossenschaften
im J. 1908	217	,,	,,	159	,,
im J. 1912	281	,,	,,	202	,,
im J. 1913	296	,,	,,	212	,,

Als der Posener Arzt Marcinkowski seinen berühmten Stipendienverein gegründet hatte, sorgte der damalige Erzbischof von Posen-Gnesen in einem Rundschreiben vom Oktober 1841 dafür, daß 336 Geistliche seiner Diözese seinem Verein sofort beitraten. Ende 1842 forderte ein zweites Rundschreiben mit vollem Erfolg die restlichen 110 Geistlichen auf, ein gleiches zu tun (Bernhard, a. a. O. S. 36).

[2]) Indem wir daran denken, daß Polen durch seine geographische Lage zum Bollwerk Europas gegen den asiatischen Bolschewismus bestimmt wird, scheinen uns auch hier aus dieser religiösen Auffassung der Sendung des polnischen Volkes neue Perspektiven auf die im Augenblick wirkenden Kräfte im polnischen Nationalismus hervorzutreten.

sprochen: »Die Kirchen der religiösen Minderheiten und die anderen rechtlich anerkannten Religionsverbände regieren sich nach eigenen Gesetzen, denen der Staat die Anerkennung nicht versagen wird, sofern sie nicht Bestimmungen enthalten, die mit dem Gesetz in Widerspruch stehen. Das Verhältnis des Staates zu diesen Kirchen und Bekenntnissen wird auf gesetzlichem Wege nach Verständigung mit ihren rechtmäßigen Vertretungen festgesetzt«.

Die Wirklichkeit zeigt, wie wir sehen werden, daß tatsächlich in der Politik des Polnischen Staates den nichtkatholischen Religionen gegenüber sich noch Spuren der alten Anschauung cuius regio-eius religio zeigen. Nur daß dieses Gesetz sich mit dem mächtigeren neuen cuius regio-eius natio überschneidet [1]).

Man kann die Beziehungen zwischen Staat — Nationalität — Religion schematisch so deutlich machen:

Erstklassig: Die polnische »natio«, römisch-katholische »religio«

Zweitklassig: 1. polnische »natio«, nicht-römisch-katholische »religio«.
2. nichtpolnische »natio«, römisch-katholische »religio«.

Drittklassig: nichtpolnische »nationes«, nicht-römisch-katholische »religio«.

Diese Schematisierung ist für unsere Zwecke zulässig, denn sie zeigt, daß in der polnischen Republik (de facto, nicht de iure!) im Besitz aller Rechte und Freiheiten nur die Nationalpolen röm.-kath. Konfession sind und daß den anderen Gegenpol die nichtpolnischen Nationalitäten nichtrömisch-katholischen Bekenntnisses darstellen. Eine Zwischenstellung nehmen die Polen nichtkatholischer Kirchenzugehörigkeit und die Nichtpolen römisch-katholischen Bekenntnisses ein. Uns haben im Augenblick die Nichtpolen nichtröm.-kathol. Bekenntnisses zu interessieren [2]).

---

[1]) Der häufig zum Ausdruck gebrachte Gedanke, daß die Anschauung »cuius regio-eius natio« an die Stelle von »cuius regio-eius religio« getreten sei, läßt zum mindesten für Polen auf eine Verkennung der Macht der römisch-kathol. Kirche schließen.

[2]) Daß wir jedoch mit der Deklassierung der Polen nicht-römisch-kathol. Bekenntnisses recht haben, möge der Hinweis auf die Verfolgung der Mariaviten und der sogen. Nationalkirche beweisen. Wir erinnern vor allem an den großen Mariavitenprozeß vom Jahr 1928 und an die Überfälle auf die Anhänger der Nationalkirche, von denen uns als der letzte der vom Juni 1929 in Neudorf bei Graudenz bekannt wurde, bei dem nicht nur einzelne Anhänger (durchaus Polen und von Polen) erheblich verletzt wurden, sondern sogar das hölzerne

Die Verfolgung der Orthodoxen Kirche, der, wie wir oben ausführten, Weißrussen, Ukrainer, Großrussen und Tschechen angehören, besteht in dreierlei:

1. in der Revindikation der Kirche,
2. in der materiellen Unterdrückung der orthodoxen Geistlichkeit,
3. in der Autokephalie der Orthodoxen Kirche in Polen.

Die zaristische Regierung hatte, hauptsächlich um ein politisches Druckmittel auf die Bevölkerung zu besitzen, in den heutigen Ostgebieten Polens, besonders zu beiden Seiten des Bug, in bedeutender Anzahl orthodoxe Kirchen gegründet. Zum Teil wurden die Kirchen neu gebaut, z. T. wurden römisch-katholische und griechisch-unierte Kirchen benutzt. Unter dem Druck der römisch-katholischen Geistlichkeit, bei dem natürlich auch nationalistische Motive mitsprachen, sind denOrthodoxen an 500 Kirchen fortgenommen worden[1]), und zwar nicht nur dort, wo es dem Bekenntnisse der Bevölkerung entsprach, sondern auch in solchen Gemeinden, wo der größte Teil orthodox war und noch ist.

Die materielle Grundlage für die Existenz der Popen, die ja meist Familie haben, bildeten die Propsteiländereien. Das Gesetz vom 17. 12. 20 läßt ihnen aber nur 36 ha. 36 ha sind aber für die östlichen Gebiete, die eine intensive Landwirtschaft so gut wie gar nicht kennen, unzulänglich.

Der Kampf um die Autokephalie der Orthodoxen Kirche in Polen hat dieselben Grundlagen wie der Kampf gegen die evangelisch-unierte Kirche im früher preußischen Gebiet. Hier soll die Trennung vom Oberkirchenrat in Berlin erfolgen, dort vom Patriarchen in Moskau. Der Moskauer Patriarch denkt aber gar nicht daran, seinen Einfluß auf die Orthodoxen in Polen aufzugeben. Außerdem wäre für eine Autokephalie ein Mehrheitsbeschluß der Bischöfe notwendig. Von den 6 orthodoxen Bischöfen in Polen sprachen sich 4 gegen die Autokephalie aus. Zwei von ihnen (Pantaleimon, Bischof von Par und Nowogrodek, und Sergius, Bischof von Biala und Cholm) hatten ihre Anhänglichkeit an den Moskauer Patriarchen mit dem Verlust ihres

Kreuz in schamloser Weise profaniert wurde (Dtsch. Rundschau in Polen vom 27. 6. 29). Ein Hinweis auf die Stellung Herrn Bursches, des polonisierten Generalsuperintendenten der Evangelisch-Augsburgischen Kirche, kann unsere Meinung nicht erschüttern, da sein Ansehen auf seiner Brauchbarkeit als Instrument für die Polonisierung beruht, — ein Ansehen also, das nicht in seiner Wesenheit als evangelischer Pole begründet ist.

[1]) Natio I 1.

Kirchensitzes ohne Urteil zu begleichen. Außerdem wurde Pantaleimon, der von Geburt ein Pole ist, in ein Kloster eingeschlossen, Sergius ins Ausland verbannt. Der Klerus hat sich bisher stets gegen eine Autokephalie ausgesprochen (so im September 1921 in Warschau, im Oktober 1921 in Podczajewska Lawra, im Juli 1922 in Grodno). Trotzdem erlaubte sich der Metropolit Georgius, mit Unterstützung der Polnischen Regierung willkürlich und selbständig die Leitung der Orthodoxen Kirche Polens in die Hand zu nehmen. Um einer Mehrheit unter den Bischöfen gewiß zu sein, traf Pantaleimon und Sergius das oben geschilderte Schicksal. Dafür wurde durch Georgius und den andern autokephalisch gesinnten Bischof namens Dionysius der Archimandrit Alexander, natürlich ein getreuer Gefolgsmann, zum Bischof von Lublin geweiht. Trotzdem hat sich das folgende Konzil in Karlovice nicht für die Autekophalie in Polen ausgesprochen, sondern seine Einführung als unrechtmäßig und nicht kanonisch erklärt. Die Folge war, daß zwei weitere Bischöfe (Eloiterius, Bischof von Wilna, jetzt in Kowno, und Wladimir, Bischof von Bialostok, jetzt in einem Kloster) ihr Amt verloren. Als Georgius am 8. 2. 23 ermordet wurde, ernannte die Polnische Regierung seinen Gesinnungsgenossen Dionysius zum Metropoliten.

Zwar ist die Orthodoxe Kirche in Polen nun tatsächlich autokephal geworden — die Weihe erteilte die orthodoxe Kirche Rumäniens —, jedoch sind die orthodoxen Gläubigen in Polen mit diesem Zustand keineswegs zufrieden. Die Polnische Regierung sucht jetzt Einfluß auf die orthodoxe Bevölkerung zu nehmen, indem sie die Geistlichen, die fast durchweg russischer Nationalität sind, gegen das orthodoxe Laientum, das weißrussischer und ukrainischer Nationalität ist, ausspielt.

An einigen Zahlen sei noch gezeigt, welches Schicksal das Bistum des patriarchentreuen Bischofs Sergius hat erleiden müssen. Nach einer Rede des ukrainischen Abgeordneten Waszynczyn am 21. Juli 1926 im Sejm gab es in der Vorkriegszeit im Cholmer Land und in Podlesien 308 orthodoxe Kirchen, 1926 nur noch 52. 133 Kirchen wurden vollständig geschlossen, vernichtet und beraubt, 51 Kirchen (darunter der Dom in Cholm) wurden verbrannt, 147 Kirchen wurden in katholische umgewandelt. Im Juni/Juli 1929 wurde die Kirche in Uchanie trotz heftigen Widerstandes der orthodoxen ukrainischen Bevölkerung von der Polizei vollständig demoliert und die Kircheneinrichtung und die Heiligenbilder auf die Straße geworfen (27. Juli).

Zwei Tage zuvor ging eine bewaffnete polnische Bande unter Führung von Gendarmen und Verwaltungsbeamten in ähnlicher Weise gegen die 345-jährige Kirche in Pawlowytschi vor. Hier wurde das Muttergottesbild mit Äxten zerstört. Ein ähnliches Schicksal ereilte in denselben Wochen die ehedem orthodoxen Kirchen in Kryliw, Ostriw, Kijowez, Dobromyschl, Lubartew, Krechiw, Turowyn, Turkowiczi (Osteurop. Korresp. II 15/16).

Die durchaus noch aktuelle Gültigkeit des cuius regio-eius religio-Satzes wird gerade in Ostpolen noch deutlich sichtbar, indem der griechisch-unierten Kirche jede religiöse Tätigkeit außerhalb Galiziens verwehrt wird. Natürlich hat dies Verbot seinen nationalitätenpolitischen Hintergrund. Es wurde bereits erwähnt, daß der Osten Polens ehedem von einer Bevölkerung bewohnt wurde, die seit der Union von Brest fast ausschließlich griechisch-uniert war, daß aber 1839 durch den Zaren die Union für ungültig erklärt wurde und nun ein allgemeiner Übertritt zur Orthodoxie oder zum Katholizismus erfolgte. Indessen sind die Erinnerungen an die ehemalige griechisch-unierte Kirche niemals erloschen. Vor allem nicht bei dem ukrainischen Teil der Bevölkerung, da ja die griechisch-unierte Kirche als ukrainische Nationalkirche angesehen wird. Mit der deutschen Okkupation und dem Zusammenbruch des Zarentums erfolgten zahlreiche Rückübertritte zur Union. Die Polen hatten ihren nationalitätenfeindlichen Absichten gemäß kein Interesse an dieser Bewegung, die zu einer Stärkung des Nationalgefühls unter den Ukrainern des ehem. russischen Teilgebietes führen mußte. So wurde dem während der Okkupationszeit für die Ostgebiete des jetzigen Polens geweihten ukrainischen Bischof der griechisch-unierten Kirche der Einzug in seine Residenz Luck verboten und die Ausübung seiner Seelsorgepflichten bis zu seinem 1927 erfolgten Tode verhindert. Um so mehr wurde die Missionstätigkeit unter den orthodoxen Ukrainern und Weißrussen polnischen Priestern römisch-katholischen Bekenntnisses übertragen. Mit allen Mitteln wird die Stärkung der lateinisch-polnischen Kirche in den Ostgebieten angestrebt, um ein Werkzeug zur Polonisierung der ukrainischen und weißrussischen Bevölkerung in die Hand zu bekommen. Um der orthodoxen Bevölkerung den Übertritt schmackhaft zu machen, wurde eine lateinisch-unierte Kirche östlichen Ritus auf Betreiben des polnischen Bischofs Przedziecki ins Leben gerufen, die sich weitgehendster Unterstützung durch die Regierung erfreut. Damit ist schließlich alles erreicht worden, um eine wirksame Polonisierungspolitik mittels der Religion in Ostpolen eröffnen zu können: die orthodoxe Kirche ist autokephal und damit der Willkür der Polen ausgeliefert; der griechisch-unierten Kirche wird jegliche Religionsausübung außerhalb Ostgaliziens verwehrt. Der vom Zaren zwangsweise zur Orthodoxie geführten Bevölkerung bleibt die Wahl, wider Willen orthodox zu bleiben und die Schikanen der polnischen Behörden auf sich zu nehmen oder katholisch und damit — wenn auch erst in der zweiten oder dritten Generation — polnisch zu werden.

Umgekehrt darf die Orthodoxe Kirche in Galizien ungehindert werben, um das Ukrainertum religiös aufzuspalten. Der Griechisch-Unierten Kirche werden natürlich von den Behörden, soweit es das Konkordat zuläßt, die größten Schwierigkeiten bereitet.

Auch die Evangelische Kirche erfreut sich keines besonderen Wohlwollens. Mit einer erstaunlichen Offenheit hat die Polnische Regierung die Garantien des Art. 115 der Polnischen Verfassung bis heute negiert, indem sie der Evangelisch-Unierten Kirche die Bestätigung ihrer schon 1923 eingereichten Verfassung bis heute verweigert hat. Einspruchserklärungen des Evangelischen Konsistoriums wurden überhaupt nicht beantwortet. Am 6. März 1928 erschien eine Verordnung des Staatspräsidenten, die die Einberufung einer Außerordentlichen Verfassunggebenden Synode betraf. Zwischen der zweiten und dritten Lesung meldete sich die Regierung mit einer Reihe von Abänderungswünschen, die der Verfassungsausschuß prüfen müsse, ehe die Synode darüber weiterberaten könne. Daraufhin gab die Synode in ihrer letzten Sitzung folgende einstimmig beschlossene Erklärung ab [1]):

»1. Dem im Bereich der Unierten Evangelischen Kirche geltenden Recht entspricht es nicht, daß innere Angelegenheiten der Kirche, wie die Wahlen zur Verfassungsgebenden Synode, durch Staatsgesetz geregelt werden. Noch weniger entspricht es diesen Grundsätzen, daß bei dem Erlaß eines solchen Staatsgesetzes die Mitwirkung der synodalen Vertretung der Kirche ausgeschaltet wird.

2. Im Interesse einer baldigen Regelung des Verhältnisses zwischen Staat und Kirche hat sich die Synode gleichwohl auf den Boden der durch die Verordnung vom 6. März 1928 geschaffenen Lage gestellt, indem sie ihre Legitimation zur Beschlußfassung kirchlicherseits durch die Erklärung des Landessynodalvorstandes und des Konsi-

[1]) Nation und Staat, Juli 1929, S. 622.

storiums vom 2. April 1928, betr. die Genehmigung der Wahlordnung, für gegeben erachtet«.

Dieser Zustand keines verfassunggeregelten Verhältnisses zwischen Kirche und Staat hat (abgesehen davon, daß die Geistlichen keine staatliche Besoldung erhalten) bis in die allerletzte Zeit hinein zu wiederholter Antastung kirchlichen Vermögens und religiösen Gutes geführt. Erinnert sei an den Kirchenraub in Netzthal im Kr. Wirsitz und an die Wegnahme der evangelischen Kirche in Krojanten bei Konitz. Die Kirche in Netzthal wurde von einem Haufen von polnisch-katholischen Geistlichen aufgestachelter Burschen gestürmt, ohne daß eine Bestrafung der Schuldigen bis heute erfolgt ist. Die Kirche in Krojanten wurde am 16. 3. 1926 auf Anordnung der Wojewodschaft in Thorn gewaltsam geöffnet, von der Behörde in Besitz genommen und an die katholische Kirchengemeinde in Konitz überwiesen. Die Kirche wurde seinerzeit (1892) von dem damaligen Besitzer des früheren Rittergutes Krojanten für die evangelische Gemeinde gebaut. 1893 wurde die Kirche für die unierte evangelische Gemeinde geweiht. Später wurde das Rittergut, auf dessen Land die Kirche liegt, an die Ansiedlungskommission verkauft. Auf Grund dieser Tatsache erfolgte die Anordnung der Wojewodschaft.

In ähnlicher Weise ist die evangelische Kirche und das evangelische Pfarrgrundstück in Turse, Kr. Dirschau, und in Dembowa Lonka, Kr. Briesen, gefährdet, wo man den Pfarrer mit seiner alten Mutter vom Gerichtsvollzieher exmittieren ließ [1]). Erwähnt sei die Beschlagnahme der großen und wertvollen Bibliothek des Predigerseminars in Wittenburg (1920), die erfolgte, obwohl die Kirche ihr Eigentumsrecht nachgewiesen hat. In gleicher prekärer Lage befindet sich noch eine ganze Reihe evangelischer Grundstücke.

Die zahlreichen Ausweisungen reichsdeutscher und auch Danziger Pfarrer haben es zuwege gebracht, daß von 405 Pfarrstellen 1925 bereits 135 unbesetzt waren. Heute sind nur noch 230 Pfarrer im Amt [2]).

Wie schon gesagt wurde, besitzt die deutschenfeindliche Nationaldemokratie ein vorzügliches Werkzeug für ihre Polonisierungsabsichten in ihrem polonisierten Führer, Bursche, der leider gleichzeitig der Generalsuperintendent und damit der Führer der Evangelisch-

---

[1]) Wir verweisen auf die Nummern der Dtsch. Rundschau i. P. v. 16. 3. 26, 6. 2. 1927 und 29. 8. 1929.

[2]) Deutsche Rundschau i. P. v. 31. 1. 1930.

Augsburgischen Kirche ist. (Die Evangelisch-Augsburgische Kirche ist im ehemaligen Kongreßpolen verbreitet, während in den ehemals preußischen Gebieten die Evangelischen zur Union gehören.)

Bursche sorgt dafür, daß die evangelisch-deutschen Gemeinden Zentral-Polens von polnischen Geistlichen bedient werden. Ein Aufbegehren der Gemeinden gegen den hohen Kirchenfürsten erfolgt selten. Damit ihm der polnische evangelische geistliche Nachwuchs nicht ausgehe, erreichte Herr Bursche die Errichtung einer evangelisch-theologischen Fakultät an der Warschauer Universität. Natürlich wurden als Dozenten Gesinnungsgenossen berufen, die sich nicht ohne Erfolg bemühen, ihren Theologiestudenten etwaige völkische Neigungen auszutreiben. Neuestens ist es Herrn Bursche gelungen, den Warschauer Sender für die Übertragung von evangelischen Gottesdiensten in polnischer Sprache zur Verfügung gestellt zu erhalten, damit sich die zahlreichen in der Zerstreuung wohnenden evangelischen Kolonisten erbauen können. Daß diese evangelischen Kolonisten zu 90% Deutsche sind und Gottesdienste in ihrer deutschen Sprache haben wollen, glaubt dieser treffliche Diener des Herrn nicht beachten zu müssen.

Die Knebelung der Presse.

Daß Polen diese Nationalitätenpolitik so ungestört treiben konnte, ohne daß die öffentliche Meinung protestierte, ist neben der Völkerbundsmentalität und der europäischen Interesselosigkeit für den Osten vor allem auf die Knebelung der Presse zurückzuführen, die mit einer Rücksichtslosigkeit erfolgte, wie sie nur noch aus dem zeitgenössischen Italien und Sowjetrußland bekannt ist.

Zwar heißt es im Art. 105 der Polnischen Verfassung[1]): »Die Freiheit der Presse wird gewährleistet. Eine Zensur oder ein Konzessionssystem für die Herausgabe von Druckschriften darf nicht eingeführt werden« — dennoch ist die Presse einer Reihe von Gesetzen unterstellt, die ihre Freiheit recht fragwürdig machen. Da die Deutschen wegen ihres Bildungsstandes über das umfangreichste Pressewesen verfügen und somit die Zeitung in dem Leben der deutschen Nationalität eine besondere Rolle spielt, wurde die deutsche Presse auch besonders

[1]) Dieser Artikel stützt sich auf Art. 7 Abs. 3 des Minderheitenschutzvertrages: »Kein polnischer Staatsbürger darf in dem freien Gebrauch seiner Sprache irgendwie beschränkt werden, weder in seinen persönlichen oder wirtschaftlichen Beziehungen noch auf dem Gebiete der Religion, der Presse oder bei Veröffentlichungen jeder Art noch endlich in öffentlichen Versammlungen«.

stark bekämpft. In der ersten Zeit wurde mit Eifer der § 131 St.G.B. herangezogen, der besagt, daß mit Geldstrafe oder mit Gefängnis bis zu 2 Jahren bestraft wird, »wer erdichtete oder entstellte Tatsachen, wissend, daß sie erdichtet oder entstellt sind, öffentlich behauptet oder verbreitet, um dadurch Staatseinrichtungen oder Anordnungen der Obrigkeit verächtlich zu machen«. Einer Interpellation des Abg. Graebe vom 27. 4. 1923 entnehmen wir folgende Beispiele der Verurteilung deutscher Redakteure [1]).

1. Am 12. Juni 1922 wurde der Hauptschriftleiter des Posener Tageblatts von der ersten Strafkammer des Posener Bezirksgerichts zu 2 Monaten Gefängnis und einer Geldstrafe verurteilt, weil er geschrieben hatte, »die Verdrängung der deutschen Ansiedlung käme einer Massenenteignung gleich«.

2. Am 12. 1. 1923 wurde von dem Bezirksgericht in Thorn der verantwortliche Redakteur der Deutschen Rundschau in Polen zu einer Geldstrafe und sein Mitangeklagter zu Gefängnis verurteilt, weil sie in einem Aufruf an die deutschen Wähler Pommerellens folgenden Satz geschrieben hatten: »Eure Liste der Senatskandidaten ist wegen eines angeblichen Formfehlers durch die Thorner Kommission gestrichen worden«. In dem Wort »angeblich« erblickte das Thorner Gericht eine Beleidigung, Verleumdung und wissentliche Verächtlichmachung der Wahlkommission.

In der Hauptverhandlung eines Presseprozesses vom 28. und 29. März 1923 wurden 2 Redakteure der Deutschen Rundschau in Polen vom Bromberger Bezirksgericht gleichfalls wegen Vergehens aus § 131 des StGB. zu 1½ Jahren bzw. 9 Monaten Gefängnis verurteilt. In seinem Klageantrag führte der Wojewode von Pommerellen aus, daß man mit besonderer Energie gegen die Angeklagten vorzugehen habe, weil die Deutsche Rundschau ein besonders staatsfeindliches Organ sei.

Indessen sollte der große Feldzug gegen die Freiheit der Presse erst noch bevorstehen. Am 6. November 1926 trat die Verordnung des Staatspräsidenten über die Ahndung von Pressevergehen in Kraft. Wir beschränken uns auf die Anführung der wichtigsten Artikel [2]).

Art. 1: »Wer öffentlich oder im Druck bewußt unwahre oder entstellte Nachrichten verbreitet, die den Interessen des Staates Schaden

---

[1]) Deutsche Rundschau i. P. v. 29. 4. 23.

[2]) Dziennik Ustaw v. 6. 11. 26.

zufügen oder öffentliche Unruhe wecken können — Nachrichten über Gefahren, die dem Staate in seinen äußeren oder inneren Beziehungen drohen, insbesondere über Gefahren, die seinen konstitutionellen oder völkischen Organismus bedrohen, selbst wenn die Nachricht als Gerücht angegeben wird —, unterliegt einer Geldstrafe von 300 bis 10 000 Zl. mit Umwandlung in Haftstrafen von 10 Tagen bis zu 3 Monaten im Falle der Uneintreibbarkeit der Geldstrafe. Ist die Verbreitung solcher Nachrichten aus Nachlässigkeit erfolgt, dann unterliegt der Betreffende einer Geldstrafe von 100—3000 Zl. mit Umwandlung in Haftstrafen von 3 Tagen bis zu 1 Monat im Falle der Uneintreibbarkeit. Die Druckschrift fällt der Beschlagnahme anheim«.

Im Art. 2 wird denen, die über Staatsbehörden und Vertreter von Staatsbehörden sowie Staatsbeamte unwahre Nachrichten verbreiten, eine Geldstrafe von 100—5000 Zl. (bzw. Haft von 3 Tagen bis zu 6 Wochen) angedroht.

Nach Art. 3 erhält eine Geldstrafe von 100—5000 Zl. (bzw. Haft von 3 Tagen bis 6 Wochen), wer öffentlich im Druck oder in einem Schreiben an ein Amt oder im Amt selbst sich eine nach allgemeinen Gesetzen straffällige Beleidigung der Staatsbehörden oder ihrer Vertreter zuschulden kommen läßt.

In den folgenden Artikeln wird die solidarische Haftung sämtlicher an der Herausgabe der Zeitungen beteiligten Personen und der Gang des Verfahrens festgelegt. Die Aburteilung erfolgt ohne Antrag der Behörde bzw. des Geschädigten, und zwar durch die Verwaltungsbehörden zweiter Instanz (Wojewoden) bzw. nach Ermächtigung des Innenministers durch die Verwaltungsbehörde erster Instanz (Starost). Schließlich ermächtigt der Art. 13 das Bezirksgericht, das gleichzeitig die Berufungsinstanz ist, die Einstellung der Herausgabe einer Zeitung für die Dauer von 14 Tagen bis zu 3 Monaten zu verfügen, wenn diese Zeitung zu einer dreimaligen Verurteilung Anlaß gegeben hat. Gegen dieses Urteil gibt es keine Berufungsmöglichkeit.

Der Polnische Sejm, dem das Recht dazu zustand, hat dann bald mit einfacher Mehrheit das Dekret aufgehoben. Ein Entrüstungssturm in der gesamten Presse Polens war vorausgegangen, nicht ohne strengste Bestrafung der Zeitungen, die zu vorlaut waren [1]).

[1]) Indessen wurde das vom Parlament angenommene Gesetz über die Aufhebung des Pressedekretes vom Staatspräsidenten lange nicht unterschrieben. Damit blieb das Dekret in Kraft. Erst zum Jahresende zog die Regierung das Gesetz zurück.

Bereits am 24. Mai 1927 erschien im Dziennik Ustaw, dem polnischen Gesetzblatt, eine neue »Verordnung des Staatspräsidenten vom 10. 5. 1927 über das Presserecht«, die mit dem 8. Juni in Kraft trat. Zunächst werden die verschiedenen Arten von Druckschriften, dann die graphischen Anstalten, die Zeitschriften, die Berichtigungen und Inserate behandelt. Es folgen die Strafbestimmungen. Laut Art. 35 kann für Vergehen, die im Inhalte eines Druckes begangen wurden, außer den in anderen Gesetzen schon vorgesehenen Strafen noch eine Geldstrafe bis zu 1000 Zl. verhängt werden; wenn im Inhalte des Druckes ein Verbrechen begangen wurde, eine solche bis 5000 Zl. Es kann auch eine Geldstrafe, die in einem anderen Gesetz vorgesehen ist, bis zu dieser Summe erhöht werden.

Nach Art. 39 verhängt die Konfiskation einer Zeitung das Gericht auf Antrag des Anklägers oder von Amts wegen.

Im Art. 44 wird dem Gericht das Recht gegeben, »für Verbrechen oder Vergehen, die im Inhalte eines Druckes begangen sind, in Fällen besonderer Wichtigkeit oder bei Feststellung niedriger Motive der Tat das Verbot der Zeitung auf nicht länger als 3 Jahre zu erstrecken«. In dem Art. 46 und den folgenden werden die strafbaren Veröffentlichungen gekennzeichnet:

»Art. 46. Wer im Druck eine Nachricht veröffentlicht, welche die polnische Armee betrifft oder eine Armee der verbündeten Staaten oder eine solche über den Plan und die Operationsrichtung, den Standort usw., die Stärke, Bewaffnung oder Versorgung des Landheeres, der Luft-, See- und Flußstreitkräfte, über Größe und Stand der Festungen usw., über die Aufbewahrung von Kriegsmaterial, über Arbeiten auf dem Gebiet der Vorbereitungen der Verteidigung des Staates — sei es nun, daß der Täter informiert sein konnte, daß das Staatsinteresse durch die Veröffentlichung gefährdet war, sei es, daß aus dem Inhalt der Nachricht oder aus den Umständen dies hervorging, sei es, daß ein Verbot der Veröffentlichung solcher Nachrichten erlassen war —, der wird bestraft, sofern die Tat nicht nach einem anderen Gesetz schwerer bestraft wird, mit Freiheitsverlust bis zu einem Jahre und Geldstrafe bis zu 3000 Zl. oder mit einer von diesen Strafen. Wenn die Tat zur Kriegszeit oder bei drohender Kriegsgefahr begangen wurde, so beträgt die Strafe bis 3 Jahre Gefängnis und die Geldstrafe bis 5000 Zl.

Art. 47. Wer, wenn auch aus Nachlässigkeit, im Druck den Inhalt von Akten eines Strafverfahrens veröffentlicht, bevor sie in einer Hauptverhandlung bekanntgegeben wurden oder bevor das Gerichtsverfahren beendet wurde, wird mit Freiheitsstrafe bis zu 3 Monaten und mit Geldstrafe bis zu 1000 Zl. oder mit einer von diesen Strafen belegt.

Art. 48. Wer im Druck Berichte über Sitzungen, über geheime Gerichtsverhandlungen (bei geschlossenen Türen) veröffentlicht oder wer ohne Erlaubnis den Inhalt geheimer Staatsakten veröffentlicht, wird, insofern nicht ein Vergehen vorliegt, das mit schärferer Strafe belegt ist, mit Freiheitsentziehung bis zu 3 Monaten und einer Geldstrafe bis 1000 Zl. oder mit einer dieser Strafen belegt.

Art 52. Im Fall der Verurteilung von Vergehen, die im Inhalt eines Druckes begangen wurden, und eine Ehrenbeleidigung darstellen, kann das Gericht, unabhängig von der Entschädigung, dem Beleidigten auf seinen Antrag ein Schmerzensgeld bis zu 10 000 Zl. infolge der angetanen moralischen Kränkung zuerkennen.

Art. 53. Bei Vergehen gegen die Ehre, die durch den Inhalt eines Druckes begangen sind, ist der Wahrheitsbeweis, der Beweis des guten Glaubens oder der Wahrscheinlichkeit unzulässig in Fällen, die in anderen Gesetzen vorgesehen sind, und auch in folgenden Fällen: a) wenn die Beleidigung Umstände aus dem Privat- oder Familienleben der beleidigten Personen betrifft oder b) wenn der Vorwurf nicht zum Schutze öffentlicher oder privater Interessen erhoben wurde oder c) wenn ein entehrender Vorwurf gemacht worden ist, insofern nicht in demselben Druck Tatsachen zur Begründung dieses Vorwurfes angegeben wurden. Der Wahrheitsbeweis, der Beweis des guten Glaubens oder der Wahrscheinlichkeit schließt nicht die Bestrafung des wegen Beleidigung Angeklagten aus, wenn die Beleidigung aus der Art der Angabe des betr. Umstandes oder aus einer Veröffentlichung hervorgeht, namentlich in Verbindung mit Spott und Verhöhnung«.

Im letzten Teil der Verordnung sind zeitweilige und Endbestimmungen enthalten, unter anderem werden diejenigen Gesetze aufgezählt, welche durch das neue Pressegesetz außer Kraft gesetzt werden. Gleichzeitig trat ein Gesetz über die Bestrafung der Verbreitung unwahrer Nachrichten und über die Bestrafung der Beleidigung und Verleumdung des Staatspräsidenten und der Beamten in jeder Form in Kraft.

Mit diesem Gesetz (insbesondere mit seinem Art. 44), das den Art. 7 des Minderheitenschutzvertrages und den Art. 115 der Polnischen Verfassung illusorisch macht, war die gesetzliche Möglichkeit gegeben, etwaige Gelüste der täglich um ihr Recht betrogenen Nationalitäten, sich durch öffentlichen Protest zu wehren, entsprechend zu bestrafen.

Im Januar 1927 erschien die erste Nummer der Natio, einer Monatsschrift, die in polnischer, deutscher, französischer und englischer Sprache von den ukrainischen, weißrussischen, jüdischen, litauischen und deutschen Abgeordneten in Polen herausgegeben wurde und die die Welt über das Leben der Nationalitäten in Polen objektiv unterrichten sollte. Um diese für Polens Ansehen gefährliche Zeitschrift unschädlich zu machen, wurden regelmäßig die bereits fertig gedruckten Auflagen von der Warschauer Prokuratur ohne Angabe der Gründe beschlagnahmt und teilweise vernichtet. Zunächst hatten die Herausgeber die Kraft, nach der Beschlagnahme sogleich eine neue Auflage erscheinen zu lassen. Als jedoch kurz hintereinander die fertige 9., 10. und 11./12. Nummer wiederum ohne Angabe von Gründen dem Schicksal der Beschlagnahme, der Vernichtung und des Verbots verfiel, so daß 4 Nummern hintereinander nicht erscheinen konnten, sahen sich die Herausgeber genötigt, das Erscheinen der Zeitschrift einzustellen. Die Polen hatten ihr Ziel erreicht.

Am 28. Juni 1927 wurde der Chefredakteur des Posener Tageblatts wegen eines kritischen Artikels des Dr. v. Behrens zu 14 Tagen Gefängnis verurteilt, während v. Behrens selbst 2 Monate Gefängnis erhielt.

Wir führen aus der letzten Zeit an:

Im Mai 1929 wurde der Schriftleiter des in Dirschau erscheinenden Pommereller Tageblatts, dem 11 Straftaten zur Last gelegt worden waren, wegen eines Artikels vom November 1928, der den Titel trug: »Ein polnisch-rumänischer Aufmarschplan«, zu drei Monaten Gefängnis verurteilt, die übrigen 10 Fälle wurden vertagt. Am 24. Mai 1929 wurde der Schriftleiter des Lissaer Tageblattes wegen Veröffentlichung eines Artikels: »Wie wird die polnische Minderheit in Deutschland behandelt?« zu 100 Zl. Geldstrafe oder zu 10 Tagen Gefängnis verurteilt.

Die Deutsche Rundschau in Polen wurde im August, September und Oktober 1929 wiederholt beschlagnahmt, die Ausgabe v. 19. September an einem Tage zweimal. Damit ist gegen diese Zeitung der 24. laufende Presseprozeß eröffnet worden. Der frühere Schriftleiter des Kujavischen Boten wurde am 25. Sept. 1929 von der Strafkammer des Bromberger Bezirksgerichts als Berufungsinstanz zu 150 Zl. Geldstrafe für einen Artikel »Die Woche des Kindes« verurteilt. Am 13. April 1929 hatte das Pommereller Tageblatt einen Artikel unter der Überschrift »Halbdiktatur in Polen« gebracht, in dem folgender Satz vorkam: »Hat man Dir, lieber Leser, so viel zu verheimlichen, daß Deine tägliche Lektüre mit so drakonischen Mitteln überwacht wird?« In dem Ausdruck »drakonisch« erblickt das Gericht eine unangebrachte Kritik des Pressegesetzes. Ein zweiter Satz hatte folgenden Wortlaut: »Auf die Frage, warum der Dispositionsfonds des Ministerpräsidenten in den Wahlmonaten, und gerade in diesen, um das 40fache überschritten wurde, ist bisher noch keine Antwort erfolgt. Aber keine Antwort ist ja manchmal auch eine Antwort«. Wegen dieser beiden Sätze wurde der Schriftleiter der Zeitung zur Tragung der Gerichtskosten und zu 40 Zl. Strafe verurteilt.

Schließlich sei noch einiger Sätze gedacht, die die Polonia, das Blatt Korfantys, des Organisators des Aufstands in Oberschlesien, im September anläßlich ihrer 80. Beschlagnahme schreibt: Es wird eine Parallele zwischen den Zeiten »größter preußischer Knechtschaft« und der »Freiheit« im heutigen Polen gezogen und festgestellt, daß die polnische Presse in Deutschland sowohl Kaiser Wilhelm II. als auch Bismarck und Bülow scharf und rücksichtslos kritisiert habe und dabei meist straffrei ausgegangen sei, während im freien Polen nicht darüber geschrieben werden dürfe, daß dieser oder jener Minister Fehler mache. Insbesondere sei die Person Pilsudskis nach Ansicht des Zensors unantastbar, weil sie unfehlbar sei.

Am 28. Febr. 1930 wurde im polnischen Gesetzesblatt (Dziennik Ustaw) endlich der Beschluß des Sejm veröffentlicht, der das Pressedekret vom 10. Mai 1927 aufhebt. Somit haben seit diesem Tage wieder die Bestimmungen des Strafgesetzbuchs in den früher preußischen Teilgebieten Gesetzeskraft. Der Kampf gegen die Presse der Minderheiten geht trotzdem weiter. Am 23. April 1930 brachte z. B. die Deutsche Rundschau in Polen einen Auszug aus dem trefflichen Werk von H. Rauschning »Die Entdeutschung Westpreußens und Posens«, in dem eine Darstellung der Methoden gegeben wird, die zur Reduzierung der deutschen Bevölkerungszahl und des deutschen Besitzstandes in Westpolen geführt haben. Dafür wurde die betreffende Nummer der Deutschen Rundschau beschlagnahmt. Ebenso wurde die Nummer 171 des »Posener Tageblattes« beschlagnahmt, weil sie in ihrem Leitartikel »Zum Nachdenken« durch Anführung geschichtlicher Tatsachen die immer wieder aufgestellte These von dem Unheil, das die Deutschen für die Polen stets bedeutet haben, entkräftet. Bis heute folgten eine Fülle von Beschlagnahmen von Presseorganen und von Prozessen gegen die verantwortlichen Redakteure, die so zahlreich sind, daß wir sie im einzelnen nicht anzuführen vermögen.

Aussichten des Kampfes gegen die nichtpolnischen Volksgruppen.

Bei der Begründung eines Schulgesetzentwurfs durch die polnischen Sozialisten im Frühjahr 1929 führte deren Wortführer u. a. aus, daß in Polen nur zwei Möglichkeiten bestünden, die Minderheitenfrage zu lösen: entweder durch Assimilierung und Ausrottung der Minderheiten oder durch eine Verständigung mit ihnen. Die bisherigen Regierungen seien stets den ersten Weg gegangen.

Wir glauben gezeigt zu haben, daß sie ihren Weg mit seltener Skrupellosigkeit und auch mit einigem Geschick gegangen sind — und noch gehen.

Der Polnische Staat versucht die Kultur der auch sozial am höchsten stehenden Nationalität, der deutschen, zu vernichten, indem er ihr Schulwesen zerschlug und noch weiter zerschlägt und ihr die Grundlage jeder Existenz raubt: den Boden und das Recht am Boden. Damit wird der Deutsche aber in seinem eigensten Heiligtum getroffen, nämlich in seinem Rechtsbewußtsein. Das geschieht nicht nur, indem ihm sein Besitz, nämlich der Boden, einfach fortgenommen wird, ohne daß er dafür eine entsprechende Entschädigung erhält (wenn er nicht gar noch etwas dazuzahlen muß), es geschieht in nicht minderem Maße dadurch, daß er mit jedem Tag die Nichtachtung der ihm vor aller Welt zugesicherten internationalen und staatlichen Garantien neu erleben muß und daß es keine Institution auf der Welt gibt, die ihm zu seinem klaren und guten Rechte verhilft. Bisher ist auch vom Völkerbundsrat noch in keinem einzigen Falle, auch wenn der Tatbestand und die Rechtslage ganz klar war, der beschwerdeführenden Minderheit ihr volles Recht gegeben worden[1]).

[1]) C. G. Bruns, Grundlagen u. Entwicklung des internationalen Minderheitenrechts, Bln.-Steglitz 1929, S. 35.

Mit der stumpfen Ergebenheit in einen rechtlosen Zustand ist die seelische Vernichtung des deutschen Menschen erreicht. Allen Nationalitäten in Polen droht diese Gefahr. In noch schlimmerer Weise als die Deutschen sind die Ukrainer Ostgaliziens um ihr Recht betrogen worden — und werden weiter betrogen. Ähnlich geht es ihren Volksgenossen im früher russischen Gebiet, ähnlich den Weißrussen, Litauern und Juden. Den slavischen Volksgruppen hofft man, da sie auf einer niederen Kulturstufe stehen und z. T. ein noch wenig entwickeltes Nationalbewußtsein haben, durch brutale Unterdrückung und gleichzeitige Assimilierungsversuche ihren erwachenden Nationalismus ersticken und an seine Stelle die eigene Kultur setzen zu können. Diese Versuche dürfen nicht unterschätzt werden. Bei Tausenden von Ukrainern, Weißrussen, Litauern und Deutschen haben sie zum Ziele geführt. Die Kultur der Polen — ihre Dichtung, Musik und Wissenschaft — hat viel Bestechendes und Liebenswürdiges: sie ist weniger barbarisch als die polnische Politik. Wird diese Politik, die wir als eine Äußerung des polnischen Nationalismus und als eine Folge der Wirtschaftsstruktur des polnischen Staatsraumes zu sehen bemüht waren, wird diese Politik zu ihrem Ziel gelangen? Was vermögen die unterdrückten Nationen ihr entgegenzustellen an politischem Geschick, nationaler Geschlossenheit und eigener Lebenskraft? Wir möchten mit wenigen Worten davon sprechen.

Der am nächsten liegende Gedanke mußte sein, der polnischen Unterdrückungspolitik eine gemeinsame Front entgegenzustellen. Wir haben am Eingang gezeigt, wie differenziert die Struktur der Nationalitäten in sich und untereinander in soziologischer, kultureller und religiöser Hinsicht ist. Hinzu kommt die ganz verschiedene Artung ihrer geopolitischen Lage und ihres Nationalismus. Alle Nationalitäten bis auf die Juden und Kassuben besitzen die Zugehörigkeit zu Völkern, deren Mehrheit in einem eigenen Staatsgebilde zusammengeschlossen ist, wenn auch dessen Souveränität wie im ukrainischen und weißrussischen Falle eingeschränkt ist. Eines unmittelbaren geographischen Zusammenhanges mit dem Hauptteil ihres Volkes erfreuen sich die Litauer, die Weißrussen, die Ukrainer und ein Teil der Deutschen. Zersprengt und zerstreut, ohne geographische Verbindung untereinander, siedeln die Juden, die Tschechen und der andere Teil der Deutschen. Berücksichtigt man, daß diese zerstreuten Juden wenigstens die gemeinsame seelische Verankerung in ihrer jahrtausendealten Religion haben, während die zersprengten Deutschen in sich auch noch konfessionell zerspalten sind, so wird man sagen müssen, daß diese letztgenannten am meisten gefährdet sind[1]).

Diese zahllosen Verschiedenheiten müssen natürlich die Herstellung einer gemeinsamen Front außerordentlich erschweren. Tatsächlich ist auch nur von zwei Versuchen zu sprechen. Einmal trachtete man darnach, bei den Wahlen durch Schaffung eines gemeinsamen Minderheitenblocks sich im Parlament einen möglichst großen Einfluß zu sichern; der andere Versuch besteht in der Begründung der Natio.

Von dem Minderheitenblock und seiner Rolle bei den Wahlen im März 1928 soll etwas ausführlicher berichtet werden, weil damit ein Einblick in ein noch unbekanntes Stück polnischer Nationalitätenpolitik gewonnen wird.

Am 28. Juli 1922 kam im verfassunggebenden Sejm eine Wahlordnung durch, die bestimmt, daß von den 444 Abgeordneten 372 in den Kreisen und 72 auf den Reichslisten gewählt werden. Auf den Reichslisten können aber nur die Parteien berücksichtigt werden, die in mindestens 6 Wahlkreisen Abgeordnete durchgebracht haben. Eine Bestimmung, die gegen die nationalen Minderheiten berechnet war, da man bei diesen, die ja zum großen Teil sehr zerstreut wohnen, glaubte, daß sie in nur ganz wenigen Wahlkreisen zu einem Erfolg gelangen können. Die überaus geschickte Einteilung der Wahlkreise tat das ihre: wo Fremdnationen in geschlossenerer Masse siedeln, teilte man sie verschiedenen Wahlbezirken mit möglichst zahlreicher polnischer Bevölkerung zu, um so zu verhindern, daß die in einem Bezirk abgegebenen Minderheitenstimmen für einen Abgeordneten ausreichen. Außerdem wurden dort, wo die Fremdnationen in der Minderheit sind, möglichst kleine Wahlbezirke für nur 4—6 Mandate eingerichtet (z. T. in den Westgebieten), um die Minderheitenstimmen nicht zu der erforderlichen Summe kommen zu lassen. Hingegen dort, wo die fremden Volksgruppen in der Mehrheit sind und die Polen in der Minderheit, werden große Wahlbezirke für 9—10 Mandate hergerichtet, um die zerstreuten polnischen Stimmen zum Erfolg zu führen. Daß dies System sich in der Praxis glänzend bewährt, beweist

---

[1]) Von den Kassuben und Masuren ist nicht gesprochen worden, weil ihr Nationalismus im politischen Leben noch keine Formen angenommen hat.

das Ergebnis der Wahlen zum Sejm im März 1928 und noch vielmehr im November 1930. Obwohl die Minderheitenstimmen sich im März 1928 gegenüber 1922 um 1,024 Millionen Stimmen vermehrt haben (von 1,89 Millionen auf 2,916 Millionen), erhielten sie doch nur dieselbe Mandatszahl wie bei den ersten Parlamentswahlen, weil der Minderheitenblock nicht mehr 70% aller Minderheitenstimmen auf sich vereinigte, sondern wegen der großen Uneinigkeit der Parteien nur noch 50. So kam es, daß (abgesehen von den ukrainischen Sozialisten) nur 50% der Minderheitenstimmen des Blocks bei der Verteilung der 72 Sitze der Staatsliste berücksichtigt wurden [1]). Es ergibt sich folgende Gegenüberstellung:

Zahl der Minderheiten in Polen	12 298 868 = 40,7%
Zahl der gültigen Minderheitenstimmen bei den Sejmwahlen 1928	2 916 054 = 26%
Zahl der Minderheitenvertreter im Sejm 1928	87 = 20% [2]).
Zahl der Minderheitenvertreter im Sejm 1930............	29 = 6,5%

Die verhältnismäßig geringe Zahl der auf die Minderheitenliste entfallenden Stimmen ist darauf zurückzuführen, daß einmal die Litauer nicht mitgewählt haben, zum andern darauf, daß wegen formaler Beanstandungen insgesamt 35 Minderheitenlisten in verschiedenen Wahlbezirken nicht zugelassen wurden, zum dritten auf dem Terror, der besonders in den Ostgebieten und in Oberschlesien getrieben wurde. Der größte Erfolg der polnischen Minderheitenpolitik ist jedenfalls der, daß es ihr tatsächlich gelang, den Block in diesem Maße zu sprengen. Nach den Berechnungen von Braunias hätte ein geschlossenes Vorgehen der Minderheiten bei den Wahlen 1928 ungeachtet der Stimmen, die für ungültig erklärt wurden, eine Minderheitenvertretung von insgesamt 107 ergeben. Das Ergebnis der Wahlen 1928 zeigte für die einzelnen Minderheitenparteien folgendes Ergebnis:

---

[1]) Näheres bei Braunias a. a. O.

[2]) Dazu kommen noch 8 Mandate, die auf der Liste des Regierungsblocks (Pilsudski) aufgestellt waren, um den Block nicht nur als einen Zusammenschluß aller Parteien, sondern sogar aller Nationalitäten erscheinen zu lassen.

Minderheitenparteien	Stimmen	Sitze
Allgem. jüd. Arbeiterbund	80 219	—
Poale Zion	30 945	—
Komitee der ver. jüd. nationalen Parteien	240 780	6
Jüd. Nationalblock	174 878	—
Ukrainischer Nationalverband ...	8 887	—
Sel-Rop Rechte	179 536	4
Sel-Rop Linke................	143 475	3
Block der ukr. soz. Bauern- und Arbeiterparteien	268 677	9
Ukr. Arbeitspartei	44 919	1
Kleinere ukr. Parteien	27 978	—
Weißruss. Parteien	143 739	5
Russen	133 196	1
Minderheitenblock	1 438 725	55
insgesamt	2 916 054	84

Wie natürlich, hat die Zersplitterung besonders hart die jüdischen Parteien getroffen, da ihre Stimmen nicht in einem Wahlbezirk, sondern bei der zerstreuten Siedlung der Juden in mehreren Bezirken für jede einzelne Liste zusammenkamen. So konnte es geschehen, daß der Jüdische Nationalverband mit 174 878 Stimmen keinen Sitz bekam, während die ukrainische Arbeitspartei mit 44 919 Stimmen Erfolg hatte. Ungeachtet der verschiedenen Parteien waren die einzelnen Minderheiten wie folgt bis August 1930 im Sejm vertreten:

Nationalität	Sitze	Anteil in %	Anteil an der Bevölkerung
Ukrainer	46	10,4	19,1
Deutsche........	21	4,8	3,7
Juden	15	3,4	9,6
Weißrussen......	11	2,5	7,1
Russen	1	0,2	0,3
Tschechen.......	1	0,2	0,1

Die Terrorwahlen des 16. November 1930 brachten dem ukrainisch-weißrussischen Wahlblock 21, dem jüdischen Nationalblock 2, dem deutschen Wahlblock 5 und den orthodoxen Juden 1 Mandat.

Die Vertretung der Nationalitäten im Senat stellte sich folgendermaßen dar. Es waren nach den Wahlen 1928 beteiligt:

Die Ukrainer	mit	12	Sitzen	= 10,8 %
die Juden	,,	8	,,	= 7,2 %
die Deutschen	,,	5	,,	= 4,5 %
die Weißrussen	,,	3	,,	= 2,7 %

Der auffallend schlechte Stand der Weißrussen ist wohl außer auf die Zersplitterung vor allem auf ihre Führerlosigkeit zurückzuführen, die ihnen die letzten großen Prozesse einbrachten.

Im November 1930 kamen als Vertreter der Minderheiten in den Senat 4 Vertreter des ukrainisch-weißrussischen und 3 Vertreter des deutschen Wahlblocks.

Der Minderheitenblock war aus taktischen Gründen geschaffen worden, ohne sein Ziel ganz zu erreichen. Zu einem grundsätzlichen gemeinsamen Vorgehen im Sejm ist der Block niemals gekommen. Nur in einzelnen Fällen sind die verschiedenen Minderheitenparteien gemeinsam vorgegangen, aber auch dies nicht eben oft. So haben in der Frühjahrssaison 1929 im Sejm die Ukrainer, die Weißrussen und die Deutschen getrennte Schulgesetzvorschläge eingebracht, obwohl doch gerade hier ihre Not eine gemeinsame ist.

Auch die »Natio« bewies, wie wir schon sahen, keine sehr große Lebenskraft. Schon im ersten Jahr ihres Erscheinens ist sie den allerdings sehr scharfen Verfolgungen seitens der polnischen Behörden erlegen. Irgendeinen Einfluß im Ausland hat die Zeitschrift in der Zeit ihres Bestehens nicht ausüben können.

Daß diesen beiden Versuchen trotz des gemeinsamen Druckes, dem doch alle Nationalitäten ausgesetzt sind und der sie hätte zusammenschweißen sollen, so schnell dies traurige Schicksal zuteil wurde, läßt an sich schon vermuten, daß es an einem gemeinsamen politischen Ziel fehlt.

Hiermit glauben wir allerdings die wundeste Stelle in der politischen Position der Nationalitäten genannt zu haben. Nämlich nicht nur, daß sich von Fall zu Fall lediglich aus taktischen Gründen die Nationalitäten meistens auch nur in unzulänglicher Weise zusammengefunden haben — was schlimmer ist: die politischen Aktionen und die Haltung der einzelnen Nationalitäten zum Polnischen Staat sind zum Teil diametral entgegengesetzt.

Die Ukrainer, Weißrussen und Litauer haben sich bei keiner Gelegenheit gescheut, ihr besonderes politisches Ziel klar und deutlich auszusprechen. Auf dem ersten Nationalitätenkongreß in Genf (1925) erklärten sich die drei Nationalitäten als nicht zuständig für diese

Versammlung, da sie sich nicht als Minderheiten ansähen. Sie bildeten als geschlossene Masse auf eigenem Territorium vielmehr die Mehrheit. Dasselbe wurde bei der gleichen Gelegenheit 1926 und 1927 erklärt [1]). Auf dem 4. Kongresse der organisierten nationalen Gruppen Europas (Genf, 29.—31. August 1928) traten die Ukrainer und Weißrussen Polens zwar dem Kongreß bei, erklärten aber ausdrücklich, daß sie mit ihrem Eintritt auf ihre Bestrebungen, ein autonomer nationaler Staat zu werden, keinesfalls verzichten. Anläßlich der Zehnjahrfeier des 11. November 1918, an dem das deutsche Okkupationsregiment in Warschau zusammenbrach und Pilsudski von den Polen der Oberbefehl über die polnischen Truppen und die Kabinettsbildung anvertraut wurde, erklärten die weißrussischen und ukrainischen Abgeordneten [2]): »Der Polnische Staat verdankt seine Entstehung dem Umstande, daß die Idee des Selbstbestimmungsrechtes der Völker sich während des Krieges das Weltbürgerrecht erobert hat. Wir möchten gern die Befreiung des polnischen Volkes begrüßen, weil sie beweist, daß die Idee des Selbstbestimmungsrechtes auch im praktischen Leben Anwendung finden kann.

Aber das wiedergeborene Polen hat dieses Recht auf Selbstbestimmung nicht geachtet und sich Gebietsteile des ukrainischen und weißrussischen Volkes, die gleichfalls eine eigene Staatlichkeit anstrebten, einverleibt. An der Feier des zehnjährigen Bestehens des Polnischen Staates, die vom Sejm und Senat veranstaltet wird, können wir als Vertreter dieser ukrainischen und weißrussischen Gebiete nicht nur nicht teilnehmen, sondern wir erachten es als notwendig, anläßlich dieser Feier zu erklären, daß wir unerschütterlich an dem Recht auf Selbstbestimmung des ukrainischen und weißrussischen Volkes innerhalb des gesamten ethnographischen Gebietes festhalten.«

Unterschrieben war diese Erklärung von sämtlichen ukrainischen und weißrussischen Abgeordneten und Senatoren.

Schließlich brachte noch am 13. 2. 1929 der ukrainische Abgeordnete Wasintschuk im Sejm bei der Debatte über die Ratifizierung des Litwinowpaktes zum Ausdruck, daß die ukrainischen Parteien Polens der Ratifizierung nicht zustimmen können, da damit die Rechte des ukrainischen Volkes auf einen selbständigen Staat übergangen würden und die Teilung des ukrainischen Gebietes unter Rußland, Polen und Rumänien gebilligt werde.

---

[1]) Vgl. Sitzungsberichte, Genf 1925, S. 21; 1926 S. 26 ff.; 1927 S. 13.

[2]) Nation und Staat, Dez. 1928 S. 191.

Das politische Ziel der Parteien der Ukrainer, Weißrussen und Litauer ist, wie wir sehen, ein sehr eindeutiges und klares. Es lautet: Verwirklichung des Selbstbestimmungsrechtes der Völker. Dieser Irredentapolitik konnten sich die Deutschen schon darum nicht anschließen, weil ein großer Teil von ihnen eben wirkliches Minderheitenvolk darstellt ohne jede Aussicht, einmal an einem Staate deutscher Nation teilzuhaben. Ihre nächste politische Aufgabe mußte zunächst sein, wenigstens die (durch ihre geschichtliche Vergangenheit, durch kulturelle, religiöse und soziologische Gegebenheiten) untereinander verschiedenen Teile der deutschen Nationalität einander näher- und zu einem geschlossenen Vorgehen zu bringen. Das bedeutet, daß die in kultureller und materieller Beziehung günstiger gestellten Deutschen aus den früher preußischen Teilgebieten zu den zersprengten und ihres Deutschtums teilweise kaum noch bewußten Volksgenossen zu gehen hatten, die in den kongreßpolnischen und ukrainischen Volksraum eingestreut sind. Dies wurde versucht. Der ehrliche Versuch verlangte eine ehrliche, loyale Haltung dem Polnischen Staate gegenüber. Anders wäre schon eine Annäherung an diese Deutschen in der Zerstreuung unmöglich gewesen, die ja stets unter fremder Herrschaft gelebt und gelitten haben und deren Mentalität ein Irredentismus unvorstellbar ist.

Hier liegt das Dilemma der Politik der Deutschen: alle Kräfte strengten sie an, um zu der ihnen notwendig scheinenden Einheit zu kommen, keine Gelegenheit versäumten sie, ihre staatsbejahende Haltung auszusprechen und auch zu beweisen — während sie gleichzeitig um alle ihre Rechte betrogen wurden und, soweit sie an den Westgrenzen der Polnischen Republik zu Hause sind, genau so widerwillig und um ihr Selbstbestimmungsrecht betrogen, wie Ukrainer, Weißrussen und Litauer, unter die Staatshoheit der Polnischen Republik gezwungen worden sind. Zu einer klaren politischen Zielsetzung ist man darum bis heute nicht gelangt. Man stellte zwar als politisches Ziel mit deutscher Ehrlichkeit »kulturelle Autonomie« hin, man versuchte sich gegenseitig zu überzeugen, das politische Ziel müsse ein kulturelles sein, wenn es um den Bestand einer Minderheit gehe. Man war sich nicht klar, daß die Verteidigung des Angegriffenen den Absichten des Angreifers entsprechen muß, wenn der Kampf erfolgreich bestanden sein soll. Und die polnischen Absichten heißen nicht Vernichtung der Kultur, sondern Vernichtung der gesamten Existenz der Deutschen. Kultur ist nur eine Äußerung und ein Ausdruck der Existenz eines Volkes.

Die Frage bleibe unerörtert, ob zum mindesten die Deutschen Oberschlesiens und Pommerellens nicht geschichtlich zur Irredenta verpflichtet sind — also ob die erstrebte (und nur teilweise erreichte) Einheitlichkeit der deutschen Front in Polen sittlich und politisch gerechtfertigt ist —, Tatsache ist, daß man sich zu einer staatsbejahenden Politik zusammengefunden hat und diese Politik ehrlich zu verwirklichen trachtet. Tatsache ist aber auch (und hier beginnt die große Tragik), daß die Polen dieser Loyalität nicht trauen — nicht zu trauen vermögen, weil es der polnischen Mentalität unmöglich ist zu glauben, daß ein Volk, das so vielfach um sein gutes und klares Recht durch den Polnischen Staat betrogen wird, diesem selben Staat loyal gegenübersteht. Die Polen können sich nicht vorstellen, daß die Proteste und gelegentlichen Appelle an das Gewissen der Welt alles sind — sie glauben vielmehr, daß diese gutdisziplinierten und hochkultivierten (wenigstens gestern und heute noch hochkultivierten) Deutschen, gerade weil man nichts merkt und nichts hört, ganz im stillen den tollsten Hochverrat treiben oder vorbereiten. Vielleicht muß man, um die Haltung der Deutschen in Polen zu begreifen, ein Deutscher sein. Uns erscheint diese politische Genügsamkeit allerdings nicht am Platze. Wir vermögen sie uns nur aus der seelischen Depression zu erklären, die der deutsche Zusammenbruch bei den Deutschen allgemein ausgelöst hat. Werden die Polen die gewünschte Kulturautonomie gewähren? Wir halten das in absehbarer Zeit für ausgeschlossen. Die Gewährung einer Kulturautonomie widerspricht diametral den polnischen Absichten gegenüber den Nationalitäten. Sie wäre bei Beibehaltung der Ziele der polnischen Innenpolitik inkonsequent. Die polnische Politik will die Nationalitäten aufreiben, um eine sichere Basis für ihre außenpolitischen imperialistischen Ziele zu haben, um die Grenzen ihres Staates an der Ostsee auszuweiten und im Süden ans Schwarze Meer zu rücken. Den fremden Volksgruppen Kulturautonomie gewähren, hieße ihre Existenz befestigen, hieße Verzicht auf die Schaffung eines nationalen polnischen Staates »von Meer zu Meer«. Solange die Polen an ihrer bisherigen Politik festhalten (und warum sollen sie bei der politischen Bescheidenheit der Minderheiten darauf verzichten?), ist Kulturautonomie kein mögliches politisches Ziel, sondern ein illusorisches.

Die Situation der Juden ist der der Deutschen sehr ähnlich. Nur haben sie eine sehr feste Bindung in ihrer Religion. Die in Polen sehr verbreitete zionistische Bewegung versucht, aus dieser Religiosität den jüdischen Nationalismus wieder lebendig zu machen. Die Juden sind in ihrer zionistischen Zielsetzung bei weitem einiger, als es nach den zahlreichen Splitterparteien erscheinen mag. Ihre Unterschiede sind rein taktischer Art. Die Assimilanten, die unorganisiert sind und im Abgeordneten Löwenherz einen Vertreter im polnischen Pilsudskiblock bis 1929 hatten, sind von derselben politischen Einflußlosigkeit wie die politisch völlig unreifen Orthodoxen, denen der Zionismus nicht religiös genug ist und mit denen darum die polnische Regierung zu paktieren versucht, um das jüdische Lager aufzuspalten. Eine Sondergruppe für sich bildet der »Bund«, eine sozialistische jüdische Arbeiterpartei, die im Parlament ohne Vertreter ist und von den sozialistischen Flügeln der Zionisten, der Poale Zion und dem Hitardut, energisch bekämpft wird. Bindend für alle diese Parteien und ihre gemeinsame Sicherung ist die jüdische Religion und Rasse. Damit wären die Juden gegen Assimilation gesicherter als die Deutschen, denen ihr Plus, das deutsche Staatsvolk, nichts nützt, weil dieses deutsche Volk sich nicht (oder doch nur sehr platonisch) für sie interessiert aus Mangel an Gefühl für die Volkszusammengehörigkeit, aber auch wegen der unglücklichen Lage des Deutschen Reiches.

Aber nicht nur aus diesen Gründen sind wir der Überzeugung, daß unter allen Nationalitäten in Polen die Lage der Deutschen die bei weitem trostloseste ist. Wenn wir die politische Situation der Volksgruppen in Polen mit ihren Aussichten für die Zukunft erkennen wollen, geht es nicht an, uns auf einen Abriß des Augenblicksbildes zu beschränken. Wir müssen versuchen, das politische Leben in seiner Dynamik anzudeuten. Die wichtigsten Kräftekomponenten im Leben eines Volkes sind der Nachwuchs und die steigende oder fallende Tendenz des Nationalbewußtseins. Es gibt heute noch genug Ahnungslose in Europa, die da meinen, daß von einem weißrussischen Volk noch gar nicht, von einem ukrainischen kaum gesprochen werden kann. Besonders die Weißrussen hätten überhaupt noch kein nationales Bewußtsein und Eigenleben. Wie falsch diese Behauptung ist, möge folgende amtliche polnische Statistik zeigen, aus der wohl deutlich wird, daß bis vor kurzem bei Weißrussen und Ukrainern das nationale Leben nur schwach entwickelte Formen zeigte, daß aber gerade in letzter Zeit die nationale Bewegung sich mächtig rührt und immer größere Kreise zieht.

Das Zeitschriftenwesen in Polen.

Der prozentuale Anteil der Zeitschriften nach den Sprachen.

. im Jahre	poln.	ukr.	weißr.	dtsch.	jüd.	hebr.	russ.	andere
1925	81,0	3,9	0,7	5,4	6,5	0,9	0,8	0,8
1926	81,3	4,0	0,8	5,2	6,2	0,9	1,0	0,6
1927	80,2	4,4	1,2	5,0	7,0	0,7	0,9	0,6

Gründungsjahre der Zeitschriften in Polen nach den Sprachen.

Sprache	Best. 1927	1927	1926	1925	1924	1923	1922	1921	1918 —20	1917 und früher
Poln.	1584	413	267	169	128	102	75	61	147	119
Ukrainisch	87	24	19	14	5	5	3	2	4	11
Weißrussisch....	23	16	3	1	0	1	1	0	0	1
Deutsch	98	11	10	8	11	11	6	5	9	27
Jüdisch	139	58	36	10	17	8	2	0	6	2
Hebräisch	15	8	3	3	1	0	0	0	0	0
Russisch	17	5	4	2	3	0	2	0	1	0
Litauisch	5	3	1	1	0	0	0	0	0	0
Tschechisch	1	0	1	0	0	0	0	0	0	0
Esperanto	0	0	0	0	0	0	0	0	0	0
Engl. französisch	5	1	2	1	1	0	0	0	0	0

(Nach Kwartalnik stat. rok 1928. Tom V 4.)

Für die Beobachtung der Bevölkerungsbewegung der Nationalitäten bietet die polnische Statistik kein unmittelbares Material. Jedoch kann man einiges den Konfessionsstatistiken entnehmen. So bietet die polnische Statistische Vierteljahrsschrift [1]) für die Berechnung der Zugeburten der Deutschen in Posen und Pommerellen einiges Material. Zwar ist auch hier die polnische Statistik vorsichtig genug, nicht anzugeben, wie groß die Zahl der Evangelischen in Posen und Pommerellen im Jahre 1926 war. Dann würde sich nämlich herausstellen, daß die amtlichen Angaben über die Zahl der Deutschen nicht richtig sein können, da ja doch in diesen Gebieten die Zahl der evangelischen Polen so verschwindend klein ist, daß man ruhig evangelisch gleich deutsch setzen kann. Es wird nur gesagt, daß die Zahl der Bevölkerung dieser beiden Wojewodschaften 2 903 508 beträgt und der Bevölkerungszuwachs der Evangelischen in Pommerellen sich auf 5,7‰, in Posen auf 6,6‰ beläuft. Außerdem wird die absoluteZuwachsziffer aller Evangelischen und Katholischen genannt. Wenn wir uns nun

[1]) Kwartalnik stat. V 3 1928, S. 1316.

diese amtlichen Zahlen zu eigen machen und außerdem die Zahl der Evangelischen nach Heidelck mit 320 000 ansetzen, so ergibt sich überraschenderweise, daß diese Zahl zu niedrig ist, denn die in der polnischen Statistik angegebene Zuwachsziffer der Evangelischen für 1926 ist 3168. Nehmen wir die von deutscher Seite errechnete Zahl der Evangelischen von 320 000, so erhielten wir für Posen und Pommerellen einen Zuwachs von 9,9‰. Entweder sind also die amtlichen evangelischen Zuwachsziffern von 5,7‰ bzw. 6,6‰ zu niedrig oder die von Heidelck errechnete Zahl von 320 000 Evangelischen ist zu niedrig.

Auf jeden Fall liegen die Ziffern des deutschen Bevölkerungszuwaches außerordentlich tief und erheblich unter dem polnisch-katholischen, der 15‰ beträgt. Andere Beobachtungen bestärken diese für die Deutschen katastrophalen Ziffern leider vollauf.

Nach Burgdörfer [1]) kamen in Polen auf 1000 gebärfähige Frauen 136 Lebendgeborene, in Deutschland nur 73. Das Verhältnis zwischen deutsch und polnisch ist hier also etwa das gleiche wie oben. An einer anderen Stelle [2]) macht Burgdörfer darauf aufmerksam, daß schon nach der Volkszählung von 1910 die Gebärleistungen der deutschen und polnischen Frauen in ähnlicher Weise voneinander abweichen.

Von 100 Frauen hatten Kinder geboren:

Im Reg.-Bez.	Mutterspr.	0	1—2	3—4	5—6	7 u. mehr Kinder
Allenstein	deutsch	6,77	20,37	19,17	16,06	24,54
	polnisch	0,48	11,84	14,77	17,93	37,70
Danzig.......	deutsch	8,79	22,65	20,32	14,87	22,58
	polnisch	4,49	13,77	16,78	17,61	36,95
Marienwerder .	deutsch	5,55	18,74	18,90	16,16	28,71
	polnisch	4,35	13,17	15,08	16,62	39,18
Posen	deutsch	6,30	22,78	22,25	16,32	21,11
	polnisch	4,36	14,62	17,93	18,77	33,12
Bromberg	deutsch	5,97	20,71	20,04	16,16	27,02
	polnisch	4,57	14,23	16,73	17,72	36,12

[1]) Die schwindende Wachstumsenergie des deutschen Volkes im europäischen Raum in »Die deutsche Bevölkerungsfrage im europäischen Raum«, Bln.-Grunewald 1929, S. 29.

[2]) Der Geburtenrückgang und seine Bekämpfung. Schoetz, Berlin 1929, S. 155.

Die Verhältnisse haben sich weiter zuungunsten der Deutschen verschlechtert. Nach ganz neuen Veröffentlichungen in der deutschen Presse Polens [1]) kommen auf tausend Evangelische in Posen und Pommerellen für 1925 und 1926 20 Zugeburten. Die Zahl liegt unter dem Durchschnitt des Deutschen Reiches. Die Bevölkerungsüberschußzahlen liegen noch tiefer, da gerade verhältnismäßig viel junge deutsche Männer, um sich der polnischen Militärpflicht zu entziehen, ausgewandert sind, während hochbetagte Deutsche meist in Polen ihr Leben beschließen wollten.

Infolgedessen ist die Sterblichkeitsziffer unter den Evangelischen in Posen und Pommerellen viel höher als im Reich. 1926 ergab sich ein Bevölkerungsüberschuß von nur 386 Köpfen für das ganze Gebiet. Das sind bei der Mindestziffer von 320 000 Evangelischen 1,2‰. Diese Zahl ist geradezu furchtbar. Vergleichsweise betrugen die Geburtenüberschüsse in den ehemals preußischen Gebietsteilen Polens und in den Wojewodschaften Krakau, Lemberg, Stanislau u. Tarnopol 1926 13,9‰,
in der weißrussischen Sowjetrepublik 1925 22,9‰,
in der ukrainischen Sowjetrepublik 1927 22,3‰ [2]).

Diese furchtbaren Zahlen der Deutschen sind auf den Mangel an Männern zurückzuführen. Nach einer privaten Zählung kommen auf 100 deutsche Männer in Westpolen 145 deutsche Mädchen [3]). Allerdings dürften die Zustände unter den Deutschen in Kongreßpolen, Wolhynien und Galizien ganz wesentlich bessere sein.

Bedeutend größere Bevölkerungsüberschüsse sind bei den Weißrussen und Ukrainern festzustellen. Wir nannten bereits die ans Fabelhafte grenzenden Ziffern der Sowjetukraine und von Sowjetweißrußland. Die Bevölkerungsüberschüsse dieser Völker in Polen liegen ganz offensichtlich über der an sich schon sehr günstigen Durchschnittsziffer für ganz Polen, die in den Jahren 1922—27 16,4‰ betrug. Für die Ostgebiete, die ja überwiegend ukrainisch und weißrussisch sind, betrug sie 29,0‰ [4]).

---

1) Deutsche Rundschau in Polen v. 19. 7. 29.

2) Stat. Jahrb. f. d. Deutsche Reich 1928.

3) Die Folge dieses Zustandes ist ein ungewöhnlich hoher Prozentsatz von unehelichen Geburten. Unter den evangel. Geburten in Posen und Pommerellen waren 1925 10,85%, 1926 11,25% unehelich.

4) A. Merliot, La population de la Pologne et l'émigration. In »La Vie économique«, Paris, Novembre 1928. S. 581 ff. Diese letzte Zahl ist so phantastisch, daß wir ihr mit Mißtrauen gegenüberstehen.

Für die Geburtenüberschüsse der J u d e n in Polen ließen sich neuere Zahlen nicht erbringen. Sicher dürfte jedoch ihr Geburtenüberschuß wesentlich unter dem der Ukrainer und Weißrussen, ja sogar unter dem Durchschnitt für Polen liegen. Für 1918 hat bereits Wl. Kaplun-Kogan [1]) nachgewiesen, daß der Jahreszuwachs der Juden in Kongreßpolen 13,1‰ beträgt. Es ist nicht anzunehmen, daß sich die Verhältnisse gebessert haben. Es wird mit Sicherheit damit gerechnet werden dürfen, daß der Bevölkerungszuwachs der Juden unter dem Durchschnitt der Polnischen Republik liegt.

Somit steht es auch in dieser allerersten Voraussetzung für die Zukunft eines Volkes bei den Deutschen und Juden in Polen am schlechtesten.

Wenn wir die Nationalitäten nach den natürlichen Sicherungen, die ihre Widerstandskraft gegen die polnische Vernichtungspolitik ausmachen, betrachten, so ergibt sich:

1. Ukrainer Weißrussen (Litauer)	sehr hoher Bevölkerungszuwachs, geschlossener Siedelraum, der mit dem Muttervolk räumlich zusammenhängt, wachsendes Nationalbewußtsein, soziologische Einheitlichkeit.
2. Juden (Kassuben)	religiöse und rassische Einheitlichkeit, steigendes Nationalbewußtsein.
3. Deutsche in Wolhynien und Kongreßpolen	verhältnismäßig hoher Bevölkerungszuwachs, soziologische Einheitlichkeit, erwachendes Nationalbewußtsein.
4. Deutsche in Galizien	verhältnismäßig hoher Bevölkerungszuwachs, teilweise kulturelle Überlegenheit und gute Organisationen.
5. Deutsche in Posen und Pommerellen	kulturelle Überlegenheit, gute Organisationen, teilweise geschlossener Siedelraum, der mit dem Mutterstaatsvolk geographisch verbunden ist.

Die Widerstände, die die Nationalitäten der polnischen Vernichtungspolitik entgegenzusetzen haben, sind also sehr verschiedene. Auf jeden Fall halten wir dafür, daß die Polen bei den östlichen Nationalitäten und bei den Juden nicht zu ihrem Ziel gelangen werden. In absehbarer Zeit werden sich auch die Deutschen, die sich unsrer Ansicht nach in der schwächsten Position befinden, nicht erdrücken

[1]) Die jüdische Sprache und Kulturgemeinschaft in Polen, eine statistische Studie, Berlin/Wien 1919, S. 10.

lassen. Hinzu kommt, daß vielleicht auf weite Sicht die Tendenz der polnischen Nationalitätenpolitik nicht wird beibehalten werden können.

Viererlei Möglichkeiten mögen, wenn man an die psychologischen Grundlagen der polnischen Innenpolitik denkt, doch erwähnt sein:

1. Die durch die Zeit der Unfreiheit dem polnischen Volk in seiner großen Mehrheit versagte staatliche Betätigung drängt nach Gewinnung des Staates, nach erhöhter und potenzierter Staatsausübung. Es entsteht der polnische innenpolitische Imperialismus, der sich zutraut, die im gleichen Staatsverband lebenden anderen Nationen durch Aufsaugung oder Erstickung überwältigen zu können, um aus dem Nationalitätenstaat einen polnischen Nationalstaat zu machen. Da — abgesehen von der Widerstandskraft der nichtpolnischen Volksgruppen — der Drang nach einer Funktion im Staate einmal saturiert sein dürfte (zumal die anderen Nationen von jeder Anteilnahme an der Staatslenkung ferngehalten werden), erscheint es fraglich, ob der polnische Innenimperialismus sein Ziel stets mit gleicher Intensität weiterverfolgen wird.

2. Die Notwendigkeit für die Polen, über ein Jahrhundert in fremden Staaten zu leben, macht es der Masse des polnischen Volkes schwer, ein persönliches Verhältnis zum Staat zu finden. Es geht eine deutlich wahrnehmbare Scheide durch den polnischen Staatsbürger und den polnischen Menschen. Der polnische Staatsbürger ist der erklärte Feind aller Nichtpolen im Staate; der polnische Mensch neigt zum Verständnis, zur Einfühlung, zur Verträglichkeit. Bei der heutigen polnischen Staatsauffassung und dem heutigen polnischen Staatswillen wird die Synthese zwischen Staatsbürger und Menschen für den Polen nur schwer gefunden werden können.

3. Von der Herstellung dieser Synthese hängt jedoch das Schicksal und der Bestand des Polnischen Staates ab. Der frühere polnische Kultusminister Grabski sagte einmal, daß in der polnischen Jugend eine völlige Geistesumstellung nötig sei, daß man zu einer polnisch-staatlichen Zielsetzung gelangen müsse. »Wir verstehen besser für das Vaterland zu sterben als zu leben[1])«.

Mit dem Enthusiasmus des Rachegefühls lassen sich wohl durch die Ungunst des Augenblicks geschwächte und verwundete Völker

[1]) Stanisław Grabski: O kwestjach narodowej polityki państwowej 1925 S. 42 f.

vergewaltigen und ein Staatsgebilde wider Recht und Vernunft herstellen — aber auch der Rachedurst müßte einmal gestillt sein. Vernunft und Besonnenheit werden dann ihre Ansprüche anmelden und eine Revision der polnischen Nationalitätenpolitik erfordern.

4. Die weltgeschichtliche Bedeutung des Polnischen Staates liegt in seiner geopolitischen Lage als Schlüsselstellung Europas gegen den asiatischen Bolschewismus. Polen begründet mit ihr die internationale Notwendigkeit seiner Existenz. Es versucht seiner Aufgabe gerecht zu werden durch eine ausgezeichnete Armee und ein rigoroses Vorgehen gegen alle kommunistischen Bestrebungen. Polen übersieht aber vollkommen, daß es mit seiner Nationalitätenpolitik den Boden für den Bolschewismus in denkbar gründlichster Art vorbereitet. Bei der Unzufriedenheit der sowjetistischen Ukrainer und Weißrussen mit dem bauernfeindlichen Sowjetregime wäre es für Polen ein leichtes, durch eine geschickte nationalitätenfreundliche Politik sich nicht nur die Ukrainer und Weißrussen im eigenen Staate zu willigen und staatsbejahenden Bürgern zu machen, es könnte sich darüber hinaus unter den Weißrussen und Ukrainern jenseits der polnischen Grenze starke Vorposten gegen den Bolschewismus gewinnen.

Polen tut das nicht, sondern geht den umgekehrten Weg. Durch seine nationalitätenfeindliche Politik werden Ukrainer und Weißrussen wider eigenen Willen zu Schrittmachern des Bolschewismus im Polnischen Staate. Um überhaupt am Leben zu bleiben, wird diesen Volksgruppen nahegebracht, den ihnen an sich unsympathischen verzweifelten Sprung in den Bolschewismus zu wagen. Hinzukommt die polnische Agrarpolitik, die durch ihre Bodenenteignung ohne genügende Entschädigung mit der Aufhebung der Grundlage des Privatrechtes gleichbedeutend ist und einer kommunistischen Weltanschauung die Wege bereitet.

Kolibri 360 GmbH
Ferdinand-Jühlke-Straße 7
99095 Erfurt, Deutschland
produktsicherheit@kolibri360.de